Feng-Shui für Anfänger

Geomantie, Kraftorte, Leylines
physische und magische Orts-Gestaltung

Kontakt: www.HarryEilenstein.de
Harry.Eilenstein@web.de
Harry Eilenstein bei youtube

Herstellung und Verlag: BoD - Books on Demand, Norderstedt

ISBN: 9783752608953

Inhaltsverzeichnis

Feng Shui

=

Wind und Wasser

I Die Lebenskraft

„Feng-Shui" ist ein chinesischer Begriff und bedeutet „Wind und Wasser" – das sind die beiden Dinge, die sich in der Natur am offensichtlichsten bewegen.

Das Thema des Feng-Shui sind die Bewegungen der Lebenskraft in äußeren Dingen. Feng-Shui ist folglich so etwas wie die Akupunktur-Lehre der Natur oder die Chakra-Kunde der Landschaft. Die beiden Begriffe „Wasser" und „Luft" weisen auf die Bewegungen und das Fließen der Elemente hin, was mit der Lebenskraft assoziiert worden ist. Die Lebenskraft (chinesisch: „Chi") wird in diesem Zusammenhang bisweilen auch als Wassergeister und Luftgeister personifiziert.

Es gibt auch noch einen älteren Begriff für das Feng-Shui, der „Kanyu" lautet und eine Weiterentwicklung von „hamjyu" ist, was „Berg und Land anschauen" bedeutet und die Tätigkeit beim Feng-Shui beschreibt.

Es gibt zwei Seiten des Feng-Shui: Die eine Seite befaßt sich mit dem Erkennen der Lebenskraft und ihrer Zustände und die andere Seite befaßt sich mit der Beeinflussung der Lebenskraft. Dies entspricht in der Medizin der Diagnose und der Therapie.

Die zweite Seite des Feng-Shui, also das Lenken der Lebenskraft, hat wieder zwei Teile: zum einen das Lenken der Lebenskraft mithilfe von physischen Veränderungen und mithilfe von Gegenständen und zum anderen mithilfe der direkten Einflußnahme auf die Lebenskraft, d.h. durch Magie (Wille und Imagination).

Das Feng-Shui ist auf traditionelle Weise entstanden, d.h. durch Beobachtungen und Erfahrungen – es ist kein analytisches und durch ein logisches System wie die Mathematik beschriebenes System. Das bedeutet für denjenigen, der etwas über Feng-Shui wissen will, daß er das eine oder andere ausprobieren muß, da sich das Feng-Shui nicht durch das abstrakte Betrachten der im Feng-Shui gesammelten Erfahrungen als richtig oder falsch erkennen läßt – und auch nicht durch die Beurteilung der inneren Logik eines Systems (die es in dieser Form im Feng Shui nicht gibt).

Das Feng-Shui als reine Erfahrungs-Sammlung läßt sich natürlich durch Erfahrungen in anderen Bereichen ergänzen. Zu diesen anderen Bereichen zählen u.a. Kraftorte, Leylines, Familienaufstellungen, Astrologie und Kornkreise. Sie werden in dieser Einführung in das Feng-Shui miteinbezogen.

Der Begriff „Geomantie"bedeutet eigentlich „Erd-Weissagung" und hat früher ein Orakel, bei dem man Zeichen in den Erdboden ritzte, bezeichnet. Heute wird es weitgehend gleichbedeutend mit dem chinesischen „Feng-Shui" verwendet.

II Die Analyse

Der erste Schritt beim Feng-Shui besteht darin, die Formen an einem Ort und ihre Wirkungen erkennen zu können und auf dieser Grundlage dann die Qualität dieses Ortes zutreffend beschreiben zu können. Neben diesen verstandesmäßigen, also analytischen Methoden gibt es jedoch auch noch einige direkte Möglichkeiten des Erkennens des Zustandes der Lebenskraft an einem Ort.

II 1. Die Beobachtungen in der Natur

Die Landschaft und ihre Elemente sowie die einfache Formen und auffällige Orte sind das Fundament der Betrachtungen im Feng-Shui.

II 1. a) Die Qualität von Orten

Zunächst einmal werden im Feng-Shui die generellen Qualitäten der Elemente der Landschaft betrachtet: Berge, Vulkane, Gebirge, Schluchten, Täler, Meere, Seen, Quellen, Flüsse, Ufer, Küsten, Sümpfe, Moore, Auen, Wälder, Wüsten, Brachland, Weiden, Felder, Gärten, Häuser, Städte, Straßen, Brücken, Eisenbahnlinien usw.
Der Charakter dieser Elemente der Landschaft kann im Wesentlichen einfach durch die Betrachtung des betreffenden Elements erkannt werden.
Die Kenntnis der Qualitäten dieser Elemente erleichtert bei der Betrachtung eines konkreten Ortes das Erkennen der Qualität und der Lebenskraft-Dynamik an diesem Ort.

Berg: Konzentration der Lebenskraft, Verbindung nach oben, Eigenständigkeit, Zusammenhalt der Lebenskraft im Inneren, Fortfließen der Lebenskraft an der Oberfläche, Kontakt zu den großen Bewegungen der Lebenskraft im Wind, Beschleunigung (am Hang), Begegnung von Erde und Luft, männlich

Vulkan: Feuer, Aufstieg der Lebenskraft, Kundalini, Konzentration, Umbruch, Verwandlung, große Kraft, Begegnung von Erde und Feuer

Gebirge: Barriere, Trennung, innere Spannungen, hohes Energieniveau, Verbindung nach oben, Ort der Quellen der großen Flüsse

Schlucht: Trennung, Tiefe, Sammlung, Durchbruch durch eine Bergreihe, Verborgenes wird sichtbar, Zugang, Eingang, Durchgang, Begegnung mit der Erde

Höhle: Innenraum, Verborgenes, Schutz, Geborgenheit, Dunkelheit, Begegnung mit der Erde, weiblich

Tal: Sammlung, Entspannung, Verlangsamung, Ruhe, Besinnung

Meer: Tiefe, Weite, Geheimnis, Trennendes, große Macht

Seen: Sammlung, Besinnung, Ruhe, in die Tiefe schauen, Meditation, Traumreise

Quelle: Ursprung, Zugang zur Unterwelt, Lebensspender

Fluß: Bewegung, Fließen, Trennung, Belebung

Ufer: Grenze, Innehalten, Trennung, Begegnung von Erde und Wasser

Prallhang (Außenkurve einer Flußbiegung, gegen die das fließende Wasser anströmt und dort das Ufer aushöhlt): Abgabe von Lebenskraft an das Ufer, Angriff

Gleithang (Innenkurve einer Flußbiegung, von der das Wasser fortfließt und dort Sand und Kies anschwemmt): Ablagerung, Aufnahme von Lebenskraft, Entspannung

Ablagerung (z.B. dort, wo ein Bergbach ins Tal kommt und halbkreisförmig den mitgeschwemmten Sand und Kies ablagert): die Knospenform zeigt, daß dort etwas von einem Bereich (Berg) in einen anderen Bereich (Talebene) gebracht worden ist – Bereicherung, Ernährung, Vermehrung

Mündung (Nebenfluß in Hauptfluß): Vermehrung, Vereinigung, erhöhte Konzentration

Delta (Flußmündung ins Meer): Hingabe, Auflösung, Verlangsamung, Verwandlung

Küste: Grenze, Trennung, Begegnung von Erde und Wasser, Verbindung zum Wind

Fjord: Trennung, Sammlung, Aushöhlung, Spaltung

Landzunge: unsicherer Ort, Verbindung zum Meer, Ausblick ins Meer, offen, Verbindung zum Wind

Insel: Abgrenzung, Eigenständigkeit, starke Verbindung zum Wasser bzw. zum Meer

Sumpf (aufgeweichte Erde, Morast): Verbindung von Erde und Wasser, Gefahr, Verborgenes, Auflösung

Moor (zugewachsener See): Verbindung von Erde und Wasser, Gefahr, Verborgenes, Auflösung, Tiefe, Unbekanntes

Aue: Grenzgebiet, Begegnung von Erde und Wasser, Fruchtbarkeit, Schwemmland, Passivität

Altarm (eines Flusses): Stagnation, Stille, Gedeihen, Verborgenes, Ablagerung

Wald: Lebendigkeit, Unbekanntes, Wildnis, Ungeformtes

Waldrand: Begegnung zwischen Natur und Kultur, zwischen offen und verborgen, zwischen hell und dunkel, zwischen Weite und Enge, daher eine große Dynamik und Vielfalt

Lichtung: Offenheit, Versammlung, Freiraum, Aufmerksamkeit

Steppe: wenig Lebenskraft, Begegnung von Erde und Wind, Wildnis

Heide: mittelmäßig viel Lebenskraft, Wildnis

Wüste: kaum Lebenskraft, Wildnis

Brachland: wenig Lebenskraft, verlassener Ort, Verwilderung

Mineralien: Prägung der grundlegenden Ausstrahlung eines Ortes => Prägung der Strukturen, die sich an einem Ort vorzugsweise bilden (z.B. Vulkangestein = viel Kraft; Schwemmland = Entspannung; Kalkgestein = konstruktive Strukturbildung)

Pflanzen: Prägung der sekundären Ausstrahlung eines Ortes (Pflanzen brauchen Mineralien und Wasser zum Leben) => Prägung der Haltungen, die sich an einem Ort vorzugsweise bilden

Tiere: Prägung der tertiären Ausstrahlung eines Ortes (Tiere brauchen Pflanzen zum leben) => Prägung der Dynamiken, die sich an einem Ort vorzugsweise bilden

Weide: geringe Lebenskraft, Verbindung mit Tieren, wenig gestaltet

Felder: vermehrte Lebenskraft, Verbindung mit Pflanzen, stärker gestaltet

Gärten: viel Lebenskraft, Verbindung mit Pflanzen, stark gestaltet

Haus: Schutz, Hülle, Wohnraum, Menschen, sehr stark gestaltet

Stadt: wenig Lebenskraft, sehr stark geprägt

Stadtmauer: Schutz, Trennung

Tempel/Kirche: Ort der Besinnung, Verbindung nach oben, Quelle der Lebenskraft und der Identität der Gemeinschaft

Geschäft/Markt: Austausch, Begegnung, Verteilung der Lebenskraft, Treffpunkt

Bahnhof: Aufbruch, Wandel, Bewegung

Burg: Schutz, Abwehr, Abgrenzung, Dominanz, Sammeln der Lebenskraft aus dem Umraum

Turm: Schutz, Weitsicht, Überlegenheit, manchmal eine Verbindung nach oben

Schloß: Herrschafts-Ort, Ausstrahlung, Lenkung, Dominanz

Hochhaus: Dominanz, Prägung

Kaserne: Macht, Herrschaft, Befehl

Friedhof: Ruhe, Ende, Besinnung, Verwandlung

Hauptstadt: Zentrum, Lenkung, Dominanz, Sammlung der Lebenskraft

Straße: Bewegung, Verbindung von Städten, gerade Bewegung, Trennung in der Natur

Kreuzung: Zentrum, Strukturierung, Wahlmöglichkeit, Starre

Verteilerkreis: Zentrum, Strukturierung, Wahlmöglichkeit, kreisende Bewegung

Straßengabelung: Wahlmöglichkeit, Druck auf das, was in der Straßengablung steht

Brücke: Verbindung, neue Fließmöglichkeit für die Lebenskraft

Eisenbahnlinie: Bewegung, Verbindung von Städten, Trennung in der Natur

Hochspannungsleitungen: Bewegung, hart geprägte Lebenskraft, Hauptschlagader der Zivilisation, Trennung in der Natur

II 1. b) Die Qualitäten einfacher Formen

Es gibt eine ganze Reihe von einfachen Formen wie Geraden, Bögen, Ecken, Brüchen, Spitzen, Kreisen usw., die an allen Stellen, wo sie auftreten, dieselben Qualitäten haben.

Gerade: Die Gerade beschleunigt und bündelt die Lebenskraft – sie entspricht einem Laserstrahl. Sie läßt die Lebenskraft hart und verletzend werden.
Deshalb werden im Feng-Shui längere gerade Linien möglichst vermieden.

Bogen: Er läßt die Lebenskraft schwingen und weich werden. Die Bögen geben der Lebenskraft einen Rhythmus.
Daher werden im Feng-Shui alle größeren Formen gebogen angelegt bzw. alle längeren geraden Formen wie z.B. Dachkanten mit einem Bogen beendet.

Ecke: Hier treffen zwei gerade Linien bzw. Flächen (die daher „hart" sind) aufeinander – meist im rechten Winkel. Folglich sind Ecken ein besonders „harter" Ort.
Daher werden Ecken gerne abgerundet oder an ihnen Säulen aufgestellt oder ein Baum vor ihnen gepflanzt, um die harte Lebenskraft an diesen Ecken abzufangen, zu zerstreuen oder sie wieder weicher und organischer werden zu lassen.

Spitze: Sie ist das Ende von einer oder mehreren geraden Flächen, die an einem Punkt enden. Die harte Lebenskraft der geraden Flächen kollidiert hier nicht wie an einer Ecke mit der harten Lebenskraft der anderen Seite, sondern sie wird an der

Spitze gebündelt und ausgesandt.

Daher werden solche Spitzen im Feng-Shui möglichst vermieden, da man davon ausgeht, daß der Lebenskraft-Strahl, der von einer solchen Spitze ausgeht, eine verletzende Wirkung hat. Ein solcher Strahl ist so ähnlich, als wenn eine Mensch die ganze Zeit mit seinem Finger auf einen anderen zeigen würde – was ja auch recht unangenehm ist …

Pyramide: Sie kommt vor allem als Grabmal vor und entspricht dem Berg: eine weithin sichtbare Verbindung nach oben zu den Ahnen und den Göttern …

Brüche: Sie unterbrechen den Fluß, sie sind daher wie Wunden oder Blockaden. Sie werden im Feng-Shui möglichst vermieden.

Kreise: Sie bilden ein geschlossenes System – sie schließen ein, schützen, schließen aus, isolieren, konzentrieren, schaffen einen Innenraum …

Kreise können daher im Feng-Shui vielfältig verwendet werden, was sich jedoch auf kleinere Formen beschränkt, da ein Kreis durch seine gleichmäßige Form wie die Gerade zur Erzeugung von harter, d.h. fest gebündelter Lebenskraft neigt.

Hufeisen: In einer solchen Form wird etwas von den Rändern her gesammelt, aber dann in weicher Form wieder durch die Öffnung nach außen fließen gelassen. Täler können diese Form haben – in ihnen sammelt sich das Wasser mehrerer Bäche, die dann als kleines Flüßchen das Tal verlassen. Solche Täler enthalten vor allem in ihrer Mitte viel weiche Lebenskraft.

Dies ist im Feng-Shui eine sehr beliebte Form, da sie eine weiche, entspannte Konzentration ermöglicht. Die Mitte eines solchen Tals ist in China ein beliebter Orte für Tempel und Grabmale gewesen.

offene Formen: Offene Formen sammeln und geben das Gesammelte in konzentrierterer Form wieder ab.

geschlossene Formen: Geschlossene Formen sammeln, aber grenzen ab und isolieren.

Ebene: Auf einer Ebene sind alle Punkte weitestgehend gleichberechtigt.

Anstieg: Nach oben hin nimmt das Energieniveau und somit auch die Konzentration und in manchen Fällen auch die Härte bzw. Konzentriertheit der Lebenskraft zu.

Abstieg: Nach unten hin nimmt das Energieniveau und somit auch die Konzentration und in manchen Fällen auch die Härte bzw. Konzentriertheit der Lebenskraft ab.

II 1. c) Die Qualitäten besonderer Orte

Schließlich gibt es noch einige Orte, die eine besondere Qualität haben – einige von ihnen sind schon besprochen worden.

Kraftorte: Dies sind Orte mit deutlich erhöhter Lebenskraft wie manche Täler und Berge, wie Vulkane, Tempel, Kultstätten, Steinkreise, Hauptstädte, Regierungsgebäude, Burgen, u.ä. Diese Punkte auf der Erde entsprechen den Chakren und den Akupunkturpunkten beim Menschen.

Leylines: Dieser Begriff aus dem englischsprachigen Raum bezeichnet die Linien, an denen Lebenskraft von einem Ort zu einem anderen fließt. Sie entsprechen den Akupunktur-Meridianen beim Menschen, auf denen die Akupunkturpunkte liegen. In China würde eine Leyline als Drachen-Weg bezeichnet werden, also als der Weg, an dem entlang viel Lebenskraft fließt.

Kornkreise: Es gibt einige Orte, an denen sehr häufig Kornkreise auftreten und an denen auch die größten und beeindurckendesten Kornkreise zu finden sind wie z.B. das Feld von Alton Barnes beim White Horse in Wiltshire in Südengland. Dies sind spezielle, „kreative" Kraftorte.

Spukhäuser: Man kann auch Spukhäuser zu den Kraftorten zählen, wobei der Spuk allerdings eine sekundäre und eher störende Kraft an diesem Ort ist …

II 1. d) Die Qualitäten in einem Haus

Auch in einem Haus gibt es verschiedene Orte, die in jedem Haus in etwa denselben Charakter haben. Im Folgenden sind nur die wichtigsten und üblichsten von ihnen aufgezählt:

Eingang: Grenze, Tor, Haut, Schutz

Flur: Verteiler, Bewegung

Wohnraum: Aufenthaltszentrum, Begegnung, Geselligkeit

Erker: Anbau, Erweiterung, Hervorhebung, Betonung, Besonderes, Aussicht

Schlafraum: Entspannung, Ruhe

Küche: Verarbeitungszentrum, Zentrum der Lebenskraft

Bad: Entspannung, Reinigung

Klo: Loslassen, Reinigung

Vorratsraum: Vorräte, Lebenskraft

Keller: Vorräte, Abgestelltes, Verborgenes, Maschinen (Heizung u.ä.)

Heizungskeller: Wärme, Wurzelchakra, Lebenskraft-Produktion

Dachkammer: Scheitelchakra, Kopf

Treppenhaus: Lebenskraft-Kanal (Sushumna, Ida und Pingala, Akupunktur-Meridiane)

Etagen: Chakren
    - Keller = Wurzelchakra
    - Erdgeschoß (Küche) = Hara, Sonnengeflecht
    - 2. Etage (Wohnraum) = Herzchakra
    - 3. Etage (Versammlungsräume) = Halschakra, Drittes Auge
    - Dachräume = Scheitelchakra

Sauna: Entspannung, Loslassen

II 2.   Das Erfassen des Ortes mithilfe des Ba Gua

Die Qualitäten der verschiedenen Teile eines einzelnen Ortes lassen sich mithilfe des Ba Gua erfassen. Das Ba Gua ist ein zuverlässiges Raster aus neun Flächen, in dem jede der neun Flächen eine bestimmte Bedeutung hat.

Dieses Raster gibt es nicht nur in China, sondern auch in Indien, wo es nach dem Urriesen Purusha als „Vashtu Purusha" benannt worden ist.

II 2. a)   Das Raster des Ba Gua an einem Ort

Dieses Raster wird über den Ort gelegt, dessen Qualitäten man erfassen will. Dabei wird der Ort so mit einem Rechteck umgeben, daß möglichst wenig Fläche des betrachteten Ortes nicht bedeckt ist und auch möglichst wenig Fläche, die nicht zu dem Ort gehört, bedeckt wird.

Bei dem Ba-Gua ist „unten" stets dort, wo der Hauptzugang zu dem Ort ist.

In dem Diagramm ist der Ort ein Rechteck mit gebogenen Seiten; der Zuweg zu ihm ist die senkrechte Linie.

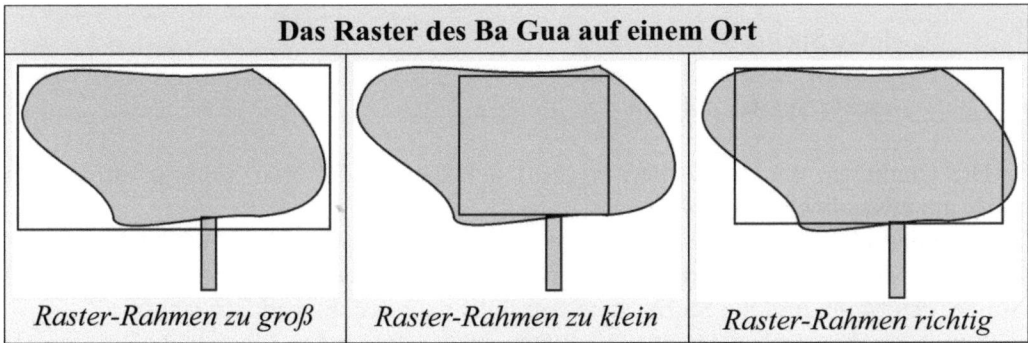

Das Raster des Ba Gua auf einem Ort

Raster-Rahmen zu groß   *Raster-Rahmen zu klein*   *Raster-Rahmen richtig*

II 2. b)   Die neun Bereiche des Rasters

Als nächstes wird das Raster in neun gleiche Flächen eingeteilt. Dabei gibt es dann Flächenteile, die nicht im Raster liegen, sowie Außenflächen, die mit im Raster liegen. Da man sehr oft rechteckige Flächen wie Grundstücke oder Hausgrundrisse betrachtet, kommen diese überschüssigen bzw. fehlenden Flächen nur gelegentlich vor.

In dem Beispiel oben sähe das Raster wie folgt aus:

Das Raster des Ba Gua auf einem Ort

| Raster | schwarz: Zusatz-Flächen | schwarz: fehlende Flächen |

Die Qualität der neun Flächen ergibt sich auf einfache Weise durch die Kombination der Eigenschaften der senkrechten Spalten mit den Eigenschaften der drei waagerechten Zeilen. Diese Eigenschaften sind:

- obere Zeile: hohes Energieniveau
- mittlere Zeile: mittleres Energieniveau
- untere Zeile: niedriges Energieniveau

- linke Spalte: Vergangenheit
- mittlere Spalte: Gegenwart
- rechte Spalte: Zukunft

Die Qualitäten der drei Zeilen ergeben sich daraus, daß man Energie aufwenden muß, um etwas hochzuheben.

Die Qualitäten der drei Spalten ergeben sich daraus, daß man auf der Nordhalbkugel, auf der China und der weitaus größte Teil der bewohnten Kontinente liegt, die Sonne, den Mond und die Sterne stets von links nach rechts wandern sieht.

Somit ergeben sich die neun Qualitäten in der folgenden Übersicht. Die normal geschrieben Begriffe leiten sich aus der Qualität der Zeilen und Spalten ab; die *kursiv* geschrieben Begriffe stammen aus dem traditionellen Feng Shui.

Die Eigenschaften der neun Felder		
viel Energie + Vergangenheit = Sponsor, Helfer *Fülle, Gedeihen*	viel Energie + Gegenwart = Krönung, Ruhm *Ruhm, Ansehen*	viel Energie + Zukunft = Ziel, Ideal *Beziehungen, Liebe*
mittlere Energie + Vergangenheit = Herkunftsfamilie *Eltern, Rückhalt*	mittlere Energie + Gegenwart = Zentrum, Mitte, Thema *Ich, Kraft, Gesundheit*	mittlere Energie + Zukunft = eigene Familie *Kinder, Kreativität*
wenig Energie + Vergangenheit = Ausgangspunkt, Lernen *Wissen, Lernen*	wenig Energie + Gegenwart = Fundament, Halt *Beruf, Erspartes*	wenig Energie + Zukunft = Ausruhen, Scheitern *Reisen, Helfer*

II 2. c) Fülle und Mangel in dem Raster

Wenn man nun den weiter oben abgebildeten Beispiel-Ort untersucht, stellt man fest, daß einige dieser neun Bereich durch zusätzliche Flächen verstärkt und andere durch fehlende Flächen geschwächt worden sind:

Das Raster des Ba Gua auf einem Ort
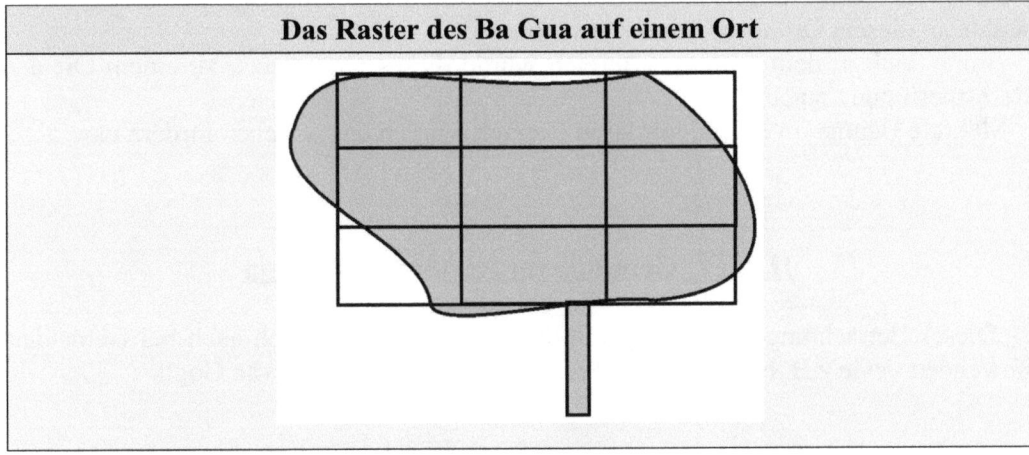

Die Fläche links oben, also z.B. die linke obere Ecke eines Grundstücks mit dieser Form, wird durch eine Ausbeulung verstärkt. Das weist darauf hin, daß der Besitzer dieses Grundstückes von anderen mit Geld u.ä. unterstützt wird.

Die Zusatz-Fläche links in der Mitte weist darauf hin, daß der Betreffende in Bezug auf sein Grundstück auch von seinen Eltern unterstützt wird.

Die zu über die Hälfte fehlende Fläche links unten weist darauf hin, daß der Betreffende wenig dazu getan hat, dieses Grundstück zu besitzen.

Die kleine fehlende Fläche oben in der Mitte zeigt, daß der Betreffende durch sein Grundstück nur wenig Ansehen erlangt.

Die beiden Raster-Bereiche rechts unten und rechts in der Mitte haben beide sowohl eine fehlende Fläche als auch eine ergänzende Flächen – das bringt ihnen etwas Unruhe ein. Für den Raster-Bereich rechts unten bedeutet das, daß das Ausruhen auf dem Grundstück manchmal schwierig ist, und für die Raster-Fläche rechts in der Mitte bedeutet dies, daß es Schwierigkeiten mit den Kindern und mit der Kreativität geben könnte.

Die fehlende Fläche rechts oben weist darauf hin, daß man die Ziele, die man mit diesem Grundstück gehabt hat, evtl. nicht erreichen wird und daß es möglicherweise Beziehungsprobleme geben wird.

II 2. d)   Gegenstände in dem Raster

Wenn es sich um ein Grundstück handelt, kann man nun schauen, wo Bäume stehen, wo ein Teich ist, wo ein Felsen liegt, wo eine Kuhle und wo ein Hügel ist.

Ein Hügel im Bereich rechts oben würde das Erreichen der Ziele stärken, eine Kuhle an diesem Ort noch weiter schwächen.

Eine Teich in dem mittleren Bereich würde dieses Grundstück zu einem Ort der Selbstbesinnung machen.

Mehrere Bäume im oberen mittleren Bereich würden das Ansehen fördern usw.

II 2. e)   Gemälde im Raster des Ba Gua

Dieses Betrachtungs-Verfahren mithilfe des Ba Gua läßt sich auch bei Gemälden anwenden – wie z.B. bei dem Bild „Sternennacht" von Vincent van Gogh.

Vincent van Gogh: Sternennacht

Rechts oben (Ziel) ist der Mond als auffälligstes Element auf dem Bild – er war die Motivation für das Malen.

Unten ist eine Stadt auf der Ebene des niedrigen Niveaus – van Gogh wollte über diese Ebene hinaus.

Links ragt ein Thuja o.ä. dunkel in die Höhe – das Streben nach einem höheren Energieniveau, das in der Vergangenheit zu nicht viel geführt hat, da es dunkel bleibt. Der Mond ist also das Symbol für das Erreichen eines Ziels, das man in der Vergangenheit nicht erreicht hat.

Von links unten ragen Berge nach rechts Mitte empor – unten eine dunkle Reihe Berge, darüber eine hellere Reihe Berge. Die nach rechts aufsteigende Linie ist die Bewegung der Hoffnung auf bessere Zeiten (ein in Richtung Zukunft ansteigendes Energieniveau). Das Helle über dem Dunklen hat dieselbe optimistische Bedeutung.

Von links oben kommt ein Wirbel in die Mitte hinein und läuft dann jedoch nach rechts Mitte hin aus. Das ist Hoffnung auf Hilfe von außen – vielleicht auch die Hoffnung auf die Zustimmung einer Frau auf eine Beziehung, da die Linie rechts in der Mitte endet, wo sich die selber gegründete Familie befindet. Dort rechts außen in der Mitte ist der Gegensatz von dunkel und hell auch am stärksten – die Essenz der Dramatik der Gefühle, die diesem Bild zugrundeliegen.

II 2. f) Zeichnungen im Raster des Ba Gua

Um erkennen zu können, daß das Ba Gua tatsächlich funktioniert, sollte man es mehrfach ausprobieren. Man kann mit seiner Hilfe auch jemanden ein paar Striche auf einem Blatt Papier zeichnen lassen – und kann dann mithilfe des Ba Gua sehr präzise die momentane Stimmung des Zeichners beschreiben.

Das Raster der neun Felder sollte man erst nach dem Anfertigen der Zeichnung durch zusätzliche Linien bzw. durch ein viermaliges Knicken des verwendeten Papiers hinzufügen – sonst würde das Raster den Zeichner ablenken.

Beispiel 1

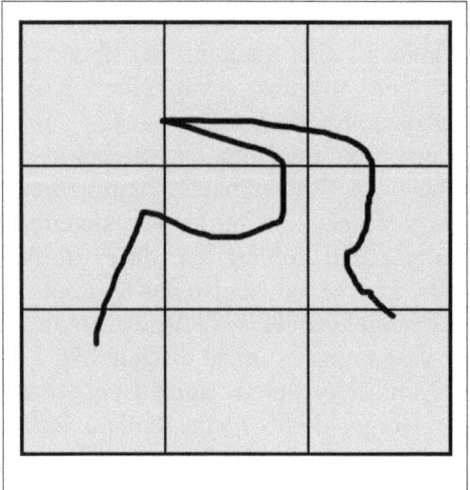

Bei der Zeichnung links hat der Zeichner die Linie links unten begonnen (man sollte den Betreffenden beim Zeichnen beobachten und sich die Richtung und Reihenfolge der Striche merken).

Der Impuls begann auf niedrigem Niveau in der Vergangenheit (links unten) – der Betreffende will daher vermutlich eine unangenehme Situation ändern.

Er steigt mit Schwung auf das mittlere Niveau auf, aber knickt dann scharf nach rechts unten hin ab: Sein Schwung, seine Anstrengung hält nicht lange vor.

Von dem mittleren Feld aus, also aus sich selber heraus, wendet er sich nach links oben (hohe Energie in der Vergangenheit): er hofft auf Hilfe von außen von einem Unterstützer – er will etwas, was er aber nicht aus eigener Kraft heraus erreichen kann.

Nach dieser Bitte um Hilfe strebt er nach rechts oben zu seinem Ideal, aber trudelt dann auf der Zukunftsseite (rechts) nach unten (niedrige Energie) ab: Sein Impuls, seine Lage mit äußerer Hilfe zu verbessern, ist gescheitert …

Beispiel 2

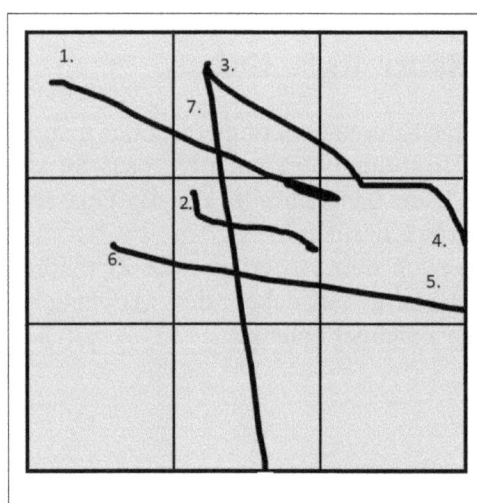

Die Striche sind fast wütend gezogen worden – zwischen Punkt 4. und 5. ist sogar über den Rand gemalt worden und auch die Linie, die bei Punkt 7. beginnt, ist unten über das Blatt hinaus gemalt worden.

Die erste Linie, die gezeichnet worden ist und bei 1. beginnt, will aus dem Feld links oben Hilfe holen und in der Mitte in sich selber verankern – dort ist ein Haken gemalt worden.

Der zweite Strich, der gezeichnet worden ist, beginnt der bei Punkt 2. und wiederholt die Bewegung des ersten Strichs mit deutlich weniger Elan und ausschließlich im zentralen Feld, also innerhalb des Ichs.

Der nächste Strich beginnt bei Punkt 3. und ist wie eine wütende Wiederholung der beiden vorigen Striche – allerdings wird auch hier nicht mehr im Feld links oben um Hilfe gefragt. Der Strich stürzt ab, geht wütend über den Rand des Papiers hinaus (4.) und schießt dann (von 5. aus) nach links zu Punkt 6. zurück: eine massive, wütende, anklagende Regression – der Betreffende ist davon überzeugt, daß ihm etwas Bestimmtes aus dem Feld links oben bzw. links Mitte zusteht. Links oben ist ein Mäzen o.ä.; links in der Mitte ist die Herkunftsfamilie – vermutlich die Mutter.

Schließlich beginnt noch ein vierter Strich (an 7.) an derselbe Stelle wie der dritte Strich und schießt innerhalb der mittleren Spalte (Gegenwart, Ich) steil nach unten – der ultimative Absturz.

Beispiel 3

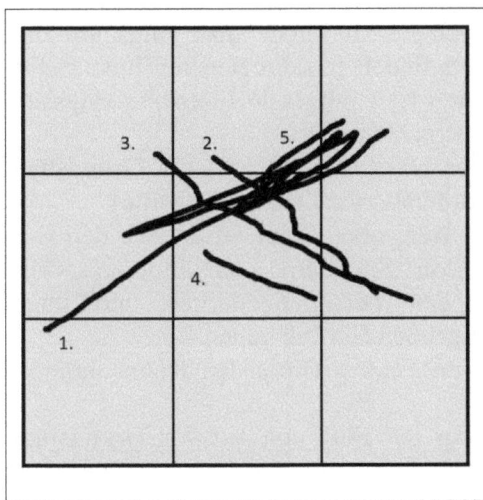

Hier will jemand von der energiereichen Vergangenheit zur energiereichen Zukunft (Linie 1 von links unten nach rechts oben).

Aber es gibt Hindernisse: die drei Linien, die bei Punkt 2., 3. und 4. beginnen: Sie liegen quer zu dem erwünschten Aufstieg zu dem hohen Energieniveau in der Zukunft (rechts oben).

Doch der Betreffende läßt sich nicht einschüchtern: Er beginnt an Punkt 5. insgesamt fünf zusammenhängende Linien von links unten nach rechts oben und zurück zu zeichnen – er will sich durchsetzen und die Hindernisse (Querstriche) überwinden. Das ist vom Zeichnen her betrachtet eine heftige Hin- und Herbewegung von links unten nach rechts oben gewesen. Der Zeichner ist offenbar wütend über die Hindernisse, die ihm in den Weg gelegt werden …

II 3.   Der Umraum

Auf die Betrachtung des Ortes, dessen Qualität man verstehen will, folgt nun die Betrachtung des Umraumes. Dazu gibt es mehrere Methoden.

II 3. a)   Das Ba Gua im Umraum

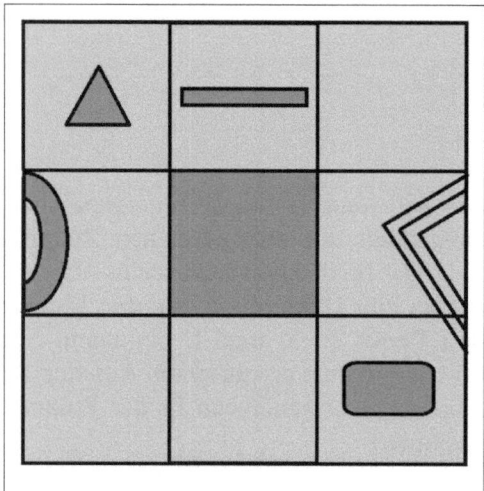

Der betrachtete Ort ist nun das mittlere Feld des Ba Gua, das sich über den gesamten Umraum erstreckt. „Unten" ist weiterhin die Seite dieses Ortes, an dem sich der Hauptzugang befindet.

Nun schaut man, welche auffälligen Landschafts-Merkmale man rings um diesen Ort findet. In dem Beispiel links befinden sich fünf prägende Elemente rings um den betrachteten Ort.

Der betrachtete Ort ist ein Grundstück (das dunkelgraue Feld in der Mitte).

Ein Berg oben links würde z.B. den Einfluß von Spendern und anderen wohlwollenden Personen stärken und ihnen einen großen Einfluß geben.

Eine Schlucht oberhalb des oberen, mittleren Feldes würde den Ruhm und das Ansehen beschränken.

Eine Flußbiegung links in der Mitte, bei der der Fluß erst auf das Grundstück zufließt und dann wieder von ihm fort, würde das Grundstück mit Lebenskraft versorgen – die vermutlich über die Herkunftsfamilie zu dem Ort gelangen würde.

Ein Teich unten rechts würde die Möglichkeiten, sich auf dem Grundstück zu entspannen, deutlich verbessern.

Eine Hochspannungsleitung, die von rechts her gerade auf das Grundstück zuläuft und erst kurz vor ihm in einem rechten Winkel abbiegt, würde das Grundstück mit harter Lebenskraft „bombardieren" und somit das rechte mittlere Feld schwächen, d.h. Kreativität schwierig machen und den eigenen Kindern schaden.

II 3. b) Der Tierkreis

Wenn man den genauen Zeitpunkt kennt, zu dem dieses Grundstück von seinem Eigentümer erworben worden ist, kann man das Horoskop für dieses Grundstück berechnen. Das sagt zunächst einmal schon recht viel über dieses Grundstück aus.

Man kann aber auch das Horoskop rings um das Grundstück zeichen – und zwar so, daß der Aszendent genau auf die Stelle am östlichen Horizont zeigt, an der an dem betreffenden Tag die Sonne aufgegangen ist.

Auf diese Weise kann man die Planeten dann den den verschiedenen Richtungen rings um das Grundstück zuordnen. Dabei ergibt sich auch der Tierkreis als Ring rings um das Grundstück – und somit die Zuordnung der 12 Tierkreis-Qualitäten zu dem Umraum des Grundstückes.

Das Zentrum des Tierkreises liegt genau in der Mitte des Ba Gua und auch des Grundstücks, das hier betrachtet wird.

Man kann nun von der Mitte des Grundstücks aus zu einem Platz oder Gegenstand auf dem Grundstück schauen und sieht dann, vor welchem Tierkreiszeichen er steht (Skizze unten links).

Man kann auch von der Mitte her auf einen Planeten in dem Horoskop (auf dem Tierkreis rings um das Grundstück) schauen und dann sehen, auf welchen der acht äußeren Bereiche er trifft (Skizze unten rechts).

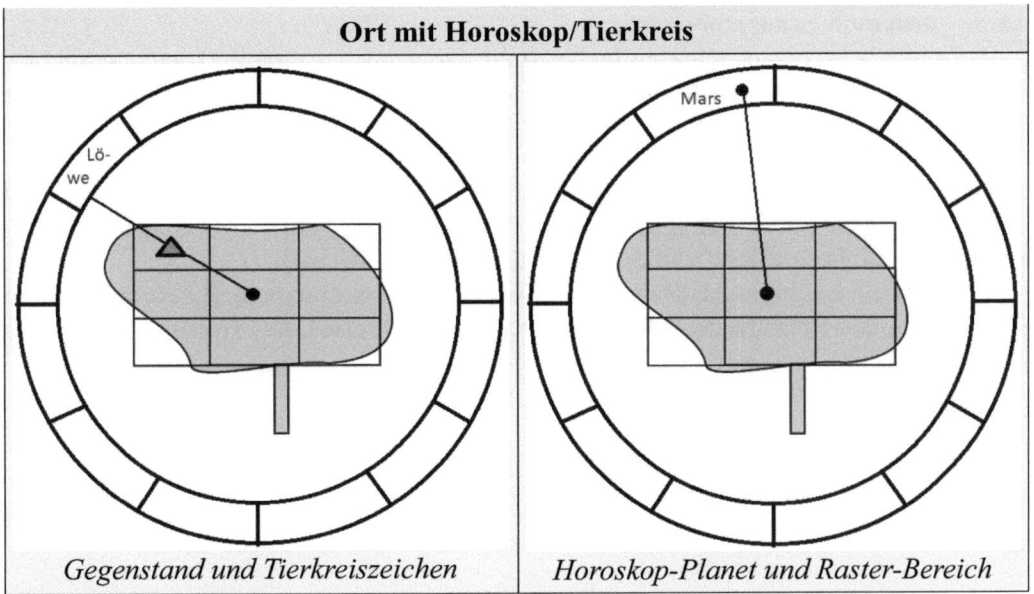

Ort mit Horoskop/Tierkreis

Gegenstand und Tierkreiszeichen	*Horoskop-Planet und Raster-Bereich*

Wie bei allen derartigen Methoden sollte man auch dieses Verfahren erst einmal an ein paar Beispielen überprüfen und schauen, wie hilfreich man die so gewonnenen Ergebnisse findet, bevor man sie in wichtigeren Zusammenhängen anwendet.

II 3. c)   Das Luopan

Das „Luopan" oder „Lo Pan" ist eine runde Karte, auf der die Qualitäten der Himmelsrichtungen in sehr differenzierter Weise eingezeichnet sind. Dabei werden bis zu 40 verschiedene Qualitätengruppen beachtet, die dann auch in 40 Kreisen auf diesem kreisförmigen Diagramm eingetragen sind.

Das Zentrum des Luopan ist ein Kompaß, mit dessen Hilfe man den Luopan in die Mitte des betrachteten Ortes legt und auf Norden ausrichtet. Dann kann man mithilfe der verschiedenen kreisförmigen Tabellen, die konzentrisch um den Kompaß herum angeordnet sind, die Qualitäten der verschiedenen Richtungen erkennen.

Dieses Verfahren entspricht der Orientierung an dem Tierkreis im vorigen Kapitel oder auch der abendländischen Zuordnung der vier Elemente zu den vier Himmelsrichtungen.

Das Luopan ist eine Sammlung von Erfahrungswerten, die man folglich nicht auf abstrakte Weise durch logische Schlußfolgerungen als richtig oder falsch erkennen kann – man muß es ausprobieren …

Vermutlich ist es zunächst einfacher (und daher auch sinnvoller), eine schlichtes System wie die vier Elemente oder den Tierkreis bzw. eine möglichst einfache Variante des Luopan zu benutzen.

Auch hier gilt, daß man dieses Verfahren erst einmal an einigen Orten erproben und seine Ergebnisse genau betrachten sollte, bevor man auf seiner Grundlage Entscheidungen für die Beurteilung und die Gestaltung eines Ortes trifft.

Mir persönlich scheint das Ba Gua verläßlicher als die allgemeinen Zuordnungen zu den Richtungen mithilfe der vier Elemente, des Tierkreises, des Horoskops oder des Luopan zu sein.

II 4.   Die Qualitäten

Es gibt eine Reihe von Qualitäten der Lebenskraft, die im Feng Shui unterschieden werden.

Die grundlegende Unterscheidung ist „**hart und weich**", die auch „gerade und gebogen" sowie „konstant und rhythmisch" entspricht. „Weich, gebogen, rhythmisch" ist im allgemeinen lebensfördernd und „hart, gerade, konstant" eher lebensfeindlich.

Der bekannteste Gegensatz ist sicherlich **Yin und Yang**. Dieses Modell stammt noch aus der frühen Jungsteinzeit und läßt sich als Qualitäten-Gegensatz bereits in den ersten Tempeln der Menschen in Göbekli Tepe in Nordmesopotamien um 10.000v.Chr. finden. Yin und Yang sind ursprünglich das Diesseits im Süden des Hügelgrabes und das Jenseits im Norden des Hügelgrabes gewesen. Davon sind viele weitere Qualitäten abgeleitet worden:

Yang	Yin
Diesseits	Jenseits
Körper	Seele
Südseite des Hügelgrabes	Nordseite des Hügelgrabes
Sonnengott	Jenseitsgöttin
außen	innen
Feuer	Wasser
Muspelheim (Germanen)	Niflheim (Germanen)
Sulphur (Alchemie)	Merkurius (Alchemie)
hell	dunkel
weiß	schwarz
Tag	Nacht
Sommer	Winter
Fülle	Leere
heiß	kalt
hoch	niedrig
oben	unten
hart	weich
männlich	weiblich
positiv	negativ
aktiv	passiv
bewegt	ruhig
trocken	feucht

Die beiden Begriffe „Yin" und „Yang" werden jedoch nur noch selten im ursprünglichen Sinn verwendet, sondern vor allem im Sinne von hart/männlich und weich/weiblich.

Die **drei Dynamiken** lassen sich zwar fast überall finden, aber sie sind dennoch nur wenig bekannt. In der Astrologie erscheinen sie im Tierkreis als die drei Dynamiken, in denen die vier Elemente erscheinen:
> 1. kardinal, erschaffend, Impuls;
> 2. fix, gestaltend, Grenze; und
> 3. beweglich, verbindend, Kontakt.

Diese drei Qualitäten finden sich auch im Chakrensystem. Ausgehend von der Identität im Herzchakra gibt es oben und unten
> - als erstes den Impuls (Sonnengeflecht, Halschakra; Gefühle),
> - dann die Formen (Hara, Drittes Auge; Verstand)
> - und außen schließlich den Kontakt (Wurzelchakra, Scheitelchakra; Wahrnehmung).

Diese drei Dynamiken lassen sich in jedem Umraum finden und sind daher auch für das Feng Shui von Bedeutung. So ist z.B. in einem Grundstück
> - das Haus und der Garten von dem eigenen Impuls gestaltet (1. Bereich),
> - der Zaun bildete die Grenze (2. Bereich)
> - und das Gartentor, der Briefkasten, die Klingel, der Telefonanschluß usw. die Möglichkeit des Kontaktes (3. Bereich).

In Europa und Amerika ist das System der **vier Elemente** weit verbreitet. Da es bereits mit den Himmelsrichtungen und den Jahreszeiten verbunden ist, läßt es sich leicht in das Feng Shui integrieren. Wie bei allen Systemen muß man es erproben, um zu sehen, ob seinen Verwendung für einen selber nützlich ist.

Luft	Feuer	Wasser	Erde
Osten	Süden	Westen	Norden
Morgen	Mittag	Abend	Nacht
Frühling	Sommer	Herbst	Winter
Geburt	Leben	Tod	Jenseits
heiß/feucht	heiß/trocken	kalt/feucht	kalt/trocken
Wahrheit	Kraft	Liebe	Gedeihen

Ein weiteres Vierer-System sind die **vier Bilder** aus dem I Ging. Sie sind die vier möglichen Kombinationen aus Yin und Yang. Diese vier Bilder sind:

Luft/Himmel	Erde	Feuer	Wasser
ist oben	ist unten	steigt auf	sinkt herab
altes Yang	altes Yin	junges Yang	junges Yin
Yang/Yang	Yin/Yin	Yin/Yang	Yang/Yin

In China ist das System der **fünf Elemente** von großer Bedeutung. In diesem System kommen wie in Europa Feuer, Wasser und Luft vor, aber die Erde erscheint in zwei Varianten als Metall und als Holz. Aus europäischer Sicht ergibt sich das Holz als organische Synthese aus den vier Elementen.

Ein weiteres System von Qualitäten sind die **acht Trigramme** aus dem I Ging, die sich ergeben, wenn man die vier Bilder noch einemal mit Yin und Yang kombiniert – es gibt insgesamt acht Möglichkeiten, Yin und Yang in einer Dreiergruppe zu kombinieren.
Diese acht Trigramme sind: Himmel, Erde, Feuer,Wasser (das entspricht den vier Bildern) sowie Berg, See, Wind und Donner.
Man kann Orte auch anhand dieser acht Qualitäten beschreiben.

Aus der Astrologie kann man die **zehn Planeten** zur Beschreibung der Qualitäten eines Ortes benutzen. Wenn einem die Qualitäten der zehn Planeten geläufig sind, ist dies ein nützliches System.

Die **zwölf Tierkreiszeichen** stammen ebenfalls aus der Astrologie. Sie sind jedoch keine Dynamiken oder Vorgänge wie die Planeten, sondern Stile. Daher können sie nicht auf dieselbe Weise wie die Planeten-Qualitäten gebraucht werden. Die Betrachtung eines Ortes mithilfe der Planeten führt eher zu einem Aktions-Bild, während die Verwendung der Tierkreiszeichen eher zu einem Struktur-Bild führt.

Die **vierundsechzig Hexagramme** des I Ging ergeben sich aus den Kombinationen der acht Trigramme miteinander ($8 \cdot 8 = 64$). Sie stellen im Gegensatz zu den Trigrammen eher Prozesse als Qualitäten dar.

- - -

Man sollte zunächst einmal zur Beschreibung eines Ortes die Qualitäten und Qualitäts-Systeme benutzen, die einem bereits geläufig sind – auf diese Weise wird man die präziseste Beschreibung erhalten.

II 5. Die Systeme

Dasselbe wie für die verschiedenen Qualitäten gilt auch für die Systeme, die man anfangs verwenden sollte – man sollte die Systeme benutzten, die einem bereits geläufig sind. Dies kann das Chakrensystem, die Kabbala, die Astrologie, das Tarot, das I Ging oder sonst irgendein System sein.

Das, worauf es zunächst ankommt, ist es, eine möglichst zutreffende Beschreibung des Ortes, an dem man etwas tun will, zu erreichen.

Dafür ist neben einem System natürlich auch Erfahrung notwendig – ohne Übung kann man kein Fingerspitzengefühl erlangen. Wie man das macht, ist letztlich egal – Hauptsache, man fängt damit an. Dann werden sich Wahrnehmungen, neue Fragen, neue Ideen, andere Ansätze usw. von selber ergeben und dadurch die eigene Fähigkeit, die Qualität eines Ortes zutreffend zu beschreiben, weiterentwickeln.

Die Betrachtung des Ortes sollte immer am Anfang stehen – schließlich sollte man das, was man erkennen und verstehen will, gesehen haben. Dabei können die Beschreibungen der Landschaftsmerkmale und der Haus-Bereiche aus dem Kapitel „II 1." als Hilfsmittel benutzt werden.

Als nächstes kann man dann ruhig kreativ werden. So kann man z.B. an jedem markanten Punkt des Ortes eine Tarotkarte ziehen und hinlegen und dann betrachten, auf welche Qualitäten die Tarotkarten hinweisen.

Man kann nachspüren, welche Qualitäten man an den verschiedenen Stellen des Ortes wahrnimmt und diese dann auf einer Skizze des Ortes mithilfe der Planetensymbole einzeichnen.

Man kann auch an den markanten Orten jeweils ein Streichholz entzünden und schauen, wie es verbrennt und daraus auf die Qualität dieser Stelle an dem zu untersuchenden Orte schließen.

Der Leitfaden sollte dabei stets sein, daß es um den Ort und nicht um das System geht – das verwendete System ist nur ein Werkzeug für die Erkenntnis der Qualitäten des betrachteten Ortes.

II 6. Die Winkel

Eine Gruppe von Qualitäten, die man an einem Ort vorfinden kann und die bisher noch nicht beschrieben worden ist, sind die Winkel. Es gibt eine Reihe von Winkeln, die überall dieselbe Qualität haben – egal, ob man sie in der Geometrie, in der Astrologie (Aspekte) oder in der Physik betrachtet. Auch die Zahlenverhältnisse der Intervalle in der Musik lassen sich ihnen zuordnen. Mit den Winkel ist auch eng die „natürliche Zahlensymbolik" verbunden.

Es handelt sich bei den Winkeln also um eine grundlegende Symbolik, die unabhängig von der Verwendung eines bestimmten Systems ist. Sie sind genauso Systemunabhängig wie z.B. die Natur-Konstanten in der Physik (Lichtgeschwindigkeit, Gravitationskonstante, Plank'sches Wirkungsquantum, Feigenbaum-Konstante u.ä.).

Wenn man an einem Ort auf einen dieser Winkel trifft, hat man folglich einen sehr sicheren Anhaltspunkt für die Qualität an der Stelle, an der dieser Winkel auftritt.

Die Winkel, die eine bestimmte, sicher nachweisbare Qualität haben, sind:

0°: Wenn der Winkel 0° beträgt, bleibt alles, wie es ist und es gibt keinen „Knick". Das ist in der Astrologie die Konjunktion, die man als Vereinigung oder als Identitätsbewahrung beschreiben kann. In der Musik ist dies der Prime-Intervall: Man wiederholt einfach noch einmal denselben Ton. In der Physik ist dies die Gravitation, die alle Dinge zueinander zieht. Als Zahl ist dies die „1".

Dieser Winkel wird normalerweise nicht als Winkel erlebt, sondern als die Abwesenheit eines Winkels.

180°: Bei diesem Winkel stehen sich zwei Dinge gegenüber weil der Kreis 360° hat und 180° genau die Hälfte davon ist – dieser Winkel führt im Kreis 1/2 weiter. In der Astrologie nennt man dieses Verhältnis Opposition. Dieser Winkel hat die Qualität eines Ergänzungs-Gegensatzes. Das bekannteste Beispiel ist vermutlich der Gegensatz von Yin und Yang, aus denen sich die endlose Bewegung und Verwandlung ergibt, die im I Ging differenziert beschrieben wird.

In der Musik findet sich dieser Winkel, den man auch als „die Hälfte des Kreises weitergehen" beschreiben kann, bei der Quinte, die eine 1,5mal höhere Frequenz als der Ausgangston hat, die also „einen halben Kreis weitergegangen ist".

In der Physik ist dies die elektromagnetische Kraft: die beiden elektrischen Pole (+ und -) sind Gegensätze und ebenso die beiden magnetischen Pole (Nord und Süd). Diese beiden Polaritäten bewirken eine Bewegung der Teilchen, die ebenfalls eine elektrische bzw. magnetische Ladung haben.

120°: Drei Winkel von 120° bilden einen Kreis (360°), dieser Winkel führt also 1/3 weiter. In der Astrologie wird dieser Winkel zwischen zwei Planeten „Trigon" genannt. Er ist die Verbindung zweier verwandter Dinge zu einer pulsierenden Einheit. Drei Planeten im Abstand von jeweils 120° würden ein gleichseitiges Dreieck bilden. Diese drei Planeten würden dann alle in Tierkreiszeichen mit demselben Element (z.B. Feuer) stehen, wobei diese drei Tierkreiszeichen dann dieses Element in seinen drei Dynamiken ist (Feuerzeichen: Widder – Löwe – Schütze). Die drei Dynamiken sind also die Qualität des 120°-Winkels: Zusammenhang, organische Form, Entwicklung, Entfaltung, Rhythmus usw.

Der kabbalistische Lebensbaum ist eine differenzierte Darstellung dieser Dynamik des 120°-Winkels – so wie das I Ging eine differenzierte Darstellung des 180°-Winkels ist. In der Physik findet sich genau dieselbe Grundstruktur wie im kabbalistischen Lebensbaum in dem mathematischen Modell der Superstringtheorie: Der Lebensbaum besteht aus 11 Bereichen und das mathematische Modell der Superstringtheorie hat 11 Dimensionen. Die Qualitäten dieser 11 Bestandteile stimmen bei beiden überein.

Eine weiteres physikalisches Beispiel für den 120°-Winkel bzw. für die „3" und die drei Dynamiken in der Physik sind die drei verschiedenen Größen, in denen die vier Elementarteilchen up-Quark, down-Quark, Elektron und Neutrino, auftreten – aus diesen vier Teilchen in ihren drei Größen ist die gesamte Welt aufgebaut.

Schließlich gibt es in der Physik noch die dritte Grundkraft: die Farbkraft, die in den Neutronen und Protonen die jeweils drei Quarks zusammenhält. Sie ist die stärkste aller physikalischen Kräfte.

In der Musik hat die Quarte eine 1,33-fach höhere Frequenz als der Grundton, d.h. sie hat 1/3 mehr Schwingungen pro Sekunde als der Grundton. Somit entspricht sie dem astrologischen Trigon. Schließlich gibt es dieselbe Qualität auch noch in der Steinheilkunde, in der alle Mineralien mit trikliner Kristallisationsform, die auf 120°-Winkeln beruht, eine organisch zusammenfügende, rhythmische Wirkung haben.

90°: Vier Winkel von 90° bilden einen vollständeigen Kreis. Die Form, die dadurch entsteht, ist ein Quadrat. Daher ist „Quadrat" auch der Name des entsprechenden astrologischen Aspektes. Seine Qualität ist das Unterscheiden, Trennen und Abgrenzen – er ist wie eine Zeltstange, die zwei Planen trennt und dadurch einen Raum aufspannt. Daher finden sich Quadrate, d.h. rechte Winkel (90°-Winkel) in großer Zahl bei allem, was konstruiert und aufgebaut und starr ist – wie z.B. Häuser.

Der 90°-Winkel findet sich auch zwischen den vier Himmelsrichtungen, die zusammen ein Kreuz bilden. Sie sind auch den vier Elementen zugeordnet. Diese Zahl an Elementen ist kein Zufall, wie sich darin zeigt, daß es genau vier grundlegende Elementarteilchen gibt: up-Quark, down-Quark, Elektron und Neutrino.

Eine wichtige Stelle in der Physik, ab der sich der 90°-Winkel findet, ist das

Verhältnis zwischen einer elektrische Welle und der dazugehörigen magnetische Welle (z.B. in einem Photon). Diese beiden Wellen bilden ein Kreuz, deren Endpunkte durch die vier 90°-Winkel zwischen ihnen den maximalen Abstand voneinander haben – was deutlich die Quadrat-Qualität der Trennung zeigt.

In der Musik findet sich dieser Winkel bei dem Intervall „große Terz". Dieser Ton hat eine 1,25mal höhere Frequenz als der Grundton, d.h. er geht 1/4 weiter.

Schließlich findet sich der 90°-Winkel noch in der Steinheilkunde, in der alle Mineralien mit kubische Kristallisationsform, also mit 90°-Winkeln zwischen den Ionen in den Kristallen, eine ordnende, trennende, abgrenzende, starre Wirkung haben.

60°: Dieser Winkel fügt gleiche Elemente zu Gruppen zusammen. Diese Gruppenbildung ist auch die Qualität des astrologischen Sextils, das den Abstand von 60° bezeichnet. Dieser Winkel prägt z.B. die Winkel-Abstände zwischen einer großen Anzahl von gleichgroßen Kugeln in einem Eimer. Im Kleinen findet sich dies in der Anordnung der Protonen und Neutronen in einem Atomkern wieder. Im Großen ist dies auf der Umlaufbahn um einen Planeten zu finden, auf der im Abstand von jeweils 60° bis zu sechs Monde gleichzeitig (auf derselben Umlaufbahn) um den Planeten kreisen können.

Der 60°-Winkel ist auch der „Optimierungs-Winkel": Kugeln liegen am engsten, wenn sie in diesem Winkel zueinander liegen; Räume sind am Material-sparsamsten, wenn sie wie von den Bienen als Waben konstruiert werden; Flächen werden am Material-sparendsten aufgebaut, wenn sie wie eine Schneeflocke in 60°-Winkeln konstruiert werden; die kürzeste Verbindung zwischen den vier Ecken eines Quadrates wird mithilfe von 60°-Winkeln erreicht (in der Form eines >–<) usw.

30°: Der astrologische Aspekt des Halbsextils stellt eine Weiterentwicklung dar. Er ist das Weitergehen um 1/12 in einem Kreis (360°:12=30°). Dieser Winkel entspricht der 12: Der Tierkreis hat 12 Bereiche, der einfachste Superstring ist ein Kreis, der in 12 gleichgroße Abschnitte unterteilt ist, und es gibt 12 Elementarteilchen (vier grundlegende Teilchen in drei verschiedenen Größen).

150°: Der astrologische Aspekt des Quincunxes beschreibt das ständige Neu-Ordnen, Neu-Orientieren, Neu-Spannen. Er ist aufgrund seiner Dynamik nur schwer in der Physik nachweisbar – er ist eher ein Prozeß als eine Struktur …

II 7.   Die natürliche Formen

Es lohnt sich, auch einmal die natürlichen Formen in der Landschaft genauer anzusehen, um einen Blick für den Charakter eines Ortes zu entwickeln. So gut wie alle Kräfte bzw. Prozesse auf der Erde lassen typische Formen entstehen. Das ermöglicht, anhand dieser Formen die Kräfte zu erkennen, die sie haben entstehen lassen und die in vielen Fällen auch noch immer in ihnen wirken.

Man kann diese Kräfte in die vier Bereiche der Übersichtlichkeit halber in Feuer, Wasser, Luft und Erde unterteilen.

Die beiden Kräfte, deren Wirkung auf die Landschaft am einfachsten zu beobachten ist, sind Wasser und Luft – deshalb heißt die Kunst des Erkennens dieser Kräfte auch „Feng Shui", d.h. „Wasser-Wind".

II 7. a)   Feuer

Die heiße Lava in der Erde läßt Vulkane entstehen, die entweder einzeln, in kleinen Gruppen oder in langen Reihen auftreten. Ihre Formen reichen von spitz bis flach. Sie sind meistens recht einfach zu erkennen, da sie einzelne, eigenständige Gipfel bilden. Sie sind Orte, an denen es einen einfachen Zugang zu dem Erdfeuer, d.h. zu dem Wurzelchakra der Erde gibt. Vulkane sind folglich dafür geeignet, um die Handlungen an diesem Ort mit großer Kraft aufzuladen und sie sehr wirksam zu machen.

Lava-Felder haben eine eher wässrige Gestalt, da sie von dem Vulkan aus in die Ebene fließen und dort nach und nach erstarren.

Schließlich gibt es noch Blitze, Waldbrände, Buschbrände und Steppenbrände, die jedoch alle nur kurzfristige Phänomene sind.

Die Erwärmung des Klimas insgesamt, die ja auch ein „Feuer-Phänomen" ist, kann hingegen sehr tiefgreifende und langfristige Wirkungen haben.

Eine Kombination von Feuer und Wasser findet sich bei den Geysiren, die ein Strahl aus heißem Wasser und Dampf sind, der entsteht, wenn in einer Höhle in der Erde Wasser durch die Lava in seiner Nähe erhitzt wird und dann durch eine Röhre oder einen Spalt an die Oberfläche emporsteigt.

II 7. b) Wasser

Die einfachste und bekannteste Wasser-Form ist die Welle – zum einen als Welle auf einem Bach, Fluß, See oder Meer und zum anderen als die konzentrischen Kreise, die z.B. ein ins Wasser geworfener Stein verursacht.

Flüsse haben den Drang, geradeaus zu fließen – ihr Schwung trägt sie in die Richtung weiter, in die sie gerade fließen. Das führt dazu, daß sie dann, wenn sie auf ein Hindernis treffen, dieses Hindernis nach und nach abtragen und auflösen. Dies geschieht an dem Prallhang in einer Flußkurve, also in der Außenkurve des Flusses – dort werden Erde und Felsen abgetragen. An dem Gleithang, also in der Innenkurve wird hingegen Erde abgelagert und ebenso an langsam fließenden Stellen, wo sich dadurch Inseln bilden können.

Wasserfälle haben eine besondere Dynamik, da das herabstürzende Wasser vor dem Wasserfall ein tiefes Loch in dem Flußbett aushebt.

Auch Seen haben eine Eigendynamik. Sie bilden sie sich dort, wo die Landschaft an einer Stelle tiefer ist als ringsum – dort sammelt sich das Wasser der Bäche an und kann nicht fortfließen. Wenn genügend Wasser zufließt, steigt der Wasserstand solange an, bis das Wasser an einer Stelle aus dem Tal hinausfließen kann. Nach und nach gräbt sich dann der Bach oder Fluß, der diesen Tal-See verläßt, an seiner Ausflußstelle immer tiefer in das Land ein, wodurch der Wasserspiegel des Sees wieder sinkt – der Abfluß wird nach und nach tiefer und erhält die Form eines Tales oder einer Schlucht.

Gleichzeitig tragen die Bäche, die in das Tal fließen, Erde in den See, der sich dort gebildet hat und füllen ihn nach und nach auf, wodurch letztlich eine Ebene entstehen kann, die ungefähr auf der Höhe des Wasserspiegels des Sees liegt.

Manchmal gibt es Wasserfälle in dem Bach bzw. Fluß, der den See in diesem Tal verläßt – z.B. den Rheinfall von Schaffhausen rheinabwärts vom Bodensee. Wasserfälle graben das Flußbett immer weiter aus und wandern dadurch nach und nach flußaufwärts – der Wasserfall läßt die Felsen, über die er fließt, nach und nach in die Tiefe stürzen und schwemmt sie dann fort. Wenn dieser Wasserfall schließlich einen See erreicht, wird der Ausfluß dieses Sees in kurzer Zeit sehr viel tiefer gelegt – dann verschwinden sowohl der Wasserfall als auch ein großer Teil des Sees. Auch der Rheinfall wird eines Tages den Bodensee erreichen, woraufhin dann der Rheinfall verschwindet und der Bodensee sehr stark sinken und sehr viel kleiner werden wird.

Dieser Prozeß ist an der oberrheinischen Tiefebene (von Basel bis Frankfurt) bereits abgeschlossen. Dieses lange Tal ist durch die Flüsse, die in es münden, mit Schwemmland zu einer Ebene aufgefüllt worden und der Rhein hat sich bereits in die Gebirge im Norden der oberrheinische Tiefebene (von Bingen bis Bonn) so tief eingegraben, daß es in diesem Gebirge keine Wasserfälle oder nennenswertem Gefälle mehr gibt.

In Erde und weichen Gestein lassen Flüsse Täler entstehen, in hartem Fels hingegen Schluchten.

In Tälern und Senken, in die nur wenig Wasser hinein und auch nur wenig oder gar kein Wasser wieder hinausfließt, bilden sich oft Sümpfe und Moore.

Letztlich fließt alles Wasser ins Meer, verdunstet dort unter dem Sonnenlicht und bildet Wolken, die teilweise über dem Land abregnen und dann erneut Bäche und Flüsse bilden. Dieser Wasserkreislauf hat die Oberfläche der Erde sehr stark geprägt und ist auch die Grundlage für das Leben von Pflanzen, Tieren und Menschen an Land.

Das Wasser formt die Erde auch dort, wo große Wassermengen und das Land aufeinandertreffen wie an Flußufern und an der Küste. Die Wellen und Muster im Sand sind an Flüssen und am Meer weitgehend dieselben, doch das Land insgesamt wird verschieden geformt. Der Fluß mäandert durch das Land, schwemmt Land ab und schwemmt es woanders wieder an, gräbt Täler und Schluchten und trägt Berge ab. Das Meer wirkt durch Ebbe und Flut und vergrößert alle Buchten und Durchgänge zwischen zwei Meeren. Die Buchten werden immer weiter ins Land hinein getrieben und sie werden zudem immer spitzer. Die Inseln, die durch abgelagerten Sand in Flüssen und vor der Küste gebildet werden, sind hingegen länglich-rund.

Die Erde, die von den Flüssen ins Meer geschwemmt wird, bildet teilweise recht große Deltas mit vielen Flußarmen. Ob die Flüsse solche Deltas bilden oder ob das Meer eine Flußmündung zur weit ins Land hinein reichenden Bucht vergrößert, hängt davon ab, wie das Verhältnis zwischen den Gezeitenwirkung und der Menge des von dem Fluß angeschwemmten Sandes ist.

Eine Wirkung der Flüsse ist auch das Abrunden der Steine zu Kieseln und das Zermahlen der Steine zu Sand. Wenn sich dieser Sand in kalkhaltigem Wasser ablagert und dort lange Zeit unter größerem Druck liegt, können sich Sedimente wie Sandstein bilden.

Schließlich gibt es noch die Eis-Vulkane („Kryo-Vulkane"), von denen es zwei Varianten gibt. Die eine Sorte findet sich auf der Erde in Sibirien sowie in unserem Sonnensystem auf Pluto, Charon und Ceres. Diese Kryo-Vulkane entstehen dadurch, daß unter der Erdoberfläche Wasser gefriert und einen Druck ausübt, der manchmal ausreicht, um Wasser und Eis nach oben hinaus zu drängen, wodurch in Sibirien kleine Hügel sowie flache Berge entstehen. Die zweite Sorte der Kryo-Vulkane findet sich auf den Monden Enceladus, Triton, Europa und Titan. Sie sind von einer dicken Eisschicht bedeckt, die auf einem flüssigen Meer schwimmt. Das Eis erzeugt einen hohen Druck auf das Wasser, wodurch ab und zu ein Teil des Wasser durch Spalten im Eis nach oben gepreßt wird und mehrere Hundert Kilometer hohe Fontainen bilden kann. Man könnte diese Kryo-Vulkane auch „Eis-Geysire" nennen.

II 7. c) Luft

Die Formen der Luft sind zunächst einmal nicht zu sehen – die Luft braucht ein anderes Element, um sichtbar zu werden.

Beim Feuer kann die Luft nur die Flammen bewegen bzw. die Glut anfachen – was bei Waldbränden jedoch zu heftigen Wirkungen führen kann.

Im Wasser läßt der Wind Wellen entstehen. Der Wind wird auch in der Form der Wolken sichtbar. Die Kohlensäure-Geysire wie z.B. in Andernach am Rhein entstehen dadurch, daß sich in der Erde Kohlensäure sammelt und dann durch den entstehenden Druck Wasser durch einen Erdspalt nach oben drückt. Hier ist es die Luft (Kohlensäure-Gas), die einen Geysir entstehen läßt.

Der Wind formt Sand in derselben Weise wie Wasser – nur daß sich Sand sehr viel langsamer als Wasser bewegt. Dünen kann man als hohe Sand-Wellen betrachten. Die Wind-Erosion an Felsen gehört auch zu den Wirkungen der Luft und ebenso die Wuchsform von Bäumen.

II 7. d) Erde

Die primäre Bewegung der Erde ist die aufsteigende heiße Lava aus dem Erdinneren, die leichter ist als die erkaltete Lava an der Erdoberfläche. In den meisten Fällen steigt sie in langen Spalten an die Oberfläche empor. Solch eine Spalte findet sich z.B. im Altlantischen Ozean, wo sie ungefähr vom Nordpol bis zum Südpol reicht. Die dort aufsteigende Lava bildet ein langgezogenes Gebirge – den Mittelatlantischen Rücken. Einige Vulkane auf diesem Gebirge sind so hoch, daß sie über den Meeresspiegel hinaufreichen und daher als Inseln erscheinen. Ein anderer solcher Spalt reicht im Nord-Pazifik von Sibirien bis nach Hawaii und ist auf jeder Landkarte als lange Reihe von Vulkan-Insel erkennbar. Diese aufsteigende Lava erscheint entweder als Einzelvulkan (z.B. Vogelsberg bei Frankfurt), als Gruppe von Vulkanen (z.B. Kanarische Inseln) oder als lange Reihe von Vulkanen (z.B. im Nord-Pazifik).

Man kann die relativ jungen Spalten, an denen Lava emporsteigt, an der Erdoberfläche daran erkennen, daß dort Spalten, tiefe und lange Täler, neue Meeresarme u.ä. entstehen – wie z.B. vom Toten Meer durch den Golf von Akaba und das rote Meer bis nach Äthiopien – am Boden des Roten Meeres kann man schon die Entstehung eines neuen Gebirgsrückens aus der aufsteigenden Lava erkennen.

Das Aufsteigen der Lava aus dem Erdinneren ist wie das sprudelnde Wasser in einem Kochtopf – nur in extremer Zeitlupe.

Diese aufsteigende Lava in den langen Spalten schiebt die Erde links und rechts von ihr fort und verursacht so die Kontinantaldrift – der Mittelatlantische Rücken schiebt z.B. Amerika von Afrika/Europa fort. Dadurch ergibt sich eine zweite Verformung der Erde: Die Kontinente, die sich über die Erde schieben, bilden eine Art Bugwelle aus Erde wie z.B. die Rocky Mountains und die Anden an der Westseite von Amerika, das von dem Mittelatlantischen Gebirgsrücken in den Pazifik hinein geschoben wird. In und vor diesen Bugwellen-Gebirgen gibt es logischerweise auch die meisten Erdbeben und viele Vulkanausbrüche.

Die dritte Form der Entstehung von Gebirgen sind die Kollisonsberge, die sich dort finden, wo zwei sich Kontinente, die durch die aufsteigende Lava über die Erdoberfläche geschoben werden, zusammenstoßen. Auf diese Weise sind zwischen Afrika und Europa die Alpen entstanden und zwischen Asien und Indien (das einst ein Teil von Afrika gewesen ist) der Himalaja.

Die so entstandenen Gebirge werden dann vor allem durch den Regen allmählich wieder abgetragen. Dabei werden sie nicht gleichmäßig flacher, da sich in ihnen Schichten von verschieden harten Fels befinden. Daher entstehen durch die Erosion lange Gebirgszüge, zwischen denen sich Reihen von Seen befinden – wie man z.B. bei den Alpen gut sehen kann.

Eine recht spezielle Erd-Form sind die Atolle. Dies sind Vulkane im Meer, die durch die Brandung auf der Höhe des Meeresspiegels nach und nach abgetragen worden sind, sodaß schließlich nur noch eine Sandinsel auf einem Vulkan-Fundament bleibt.

Als letztes kann man noch das Alter eines Gebirges mitbedenken – so ist z.B. das schottische Gebirge sehr viel älter als z.B. die Alpen.

II 7. d)   Die Wichtigkeit der Element-Formen

Man muß natürlich nicht immer all diese Einflüsse mitbedenken, aber man sollte zumindestens bemerken können, wenn einer diese Einflüsse besonders ausgeprägt ist. So könnte es z.B. in einem Haus, das auf einem Vulkan steht, zu besonders heftigen Streits kommen.

Es ist z.B. auch gut bekannt, daß bei Paaren, die auf die Kanarischen Inseln ziehen oder dort einen längeren Urlaub verbringen, durch das Feuer dieser Vulkane-Inseln alle Dinge, die sonst toleriert oder unter den Teppich gekehrt werden, auf den Tisch kommen und dann entweder zu tragfähigen Lösungen oder zu einer Trennung führen.

Kalksteingebirge wie z.B. die Dolomiten haben hingegen einen ganz anderen Einfluß: Sie fördern das Akzeptieren von Kompromissen und das Aufbauen von festen Formen.

II 8.   Die differenzierten Formen

Neben den im vorigen Kapitel beschriebene eher großräumigen natürlichen Formen gibt es auch noch Formen, die deutlich spezieller sind. Diese Formen finden sich auch als „Wortschatz" in den Kornkreisen.

Diese Formen ergeben sich zum größten Teil aus dem Zusammenwirken von mehreren Kräften. Wenn das Verhältnis dieser Kräfte zueinander dasselbe ist, entstehen auch immer wieder dieselben Formen – daher kann man aus bestimmten Formen auf das Wirken dieser Kräfte schließen.

Diese Kräfte kommen natürlich nicht nur in den Kornkreisen als einzelne Form-Elemente vor, sondern sind allgemeingültig und lassen sich in vielen Bereichen finden.

Da ich diese Formen schon in „Kornkreise für Anfänger" ausführlich beschrieben habe, findet sich hier nur ein kleiner Auszug aus diesen Form-Elementen, um diese Art der Formen und ihren Charakter zu veranschaulichen.

Zu diesen differenzierten Formen gehören natürlich auch die in dem Kapitel „II 1." beschriebenen natürlichen Formen.

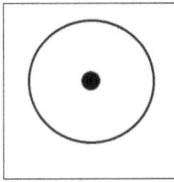 Der **Einpol** ist die einfachste Form eines Kornkreises. Bei ihr sind alle Elemente konzentrisch angeordnet und sind daher als Aspekte der Identität anzusehen. In der Astrologie entspricht sie dem Aspekt der Konjunktion (0°-Winkel; Symbol: ☌), die alle beteiligten Elemente wie in einer Ehe fest aneinander bindet. Diese Struktur entspricht in der Natur der einpolaren Gravitation, die alle Dinge zusammenzieht. Sie schafft Zusammenhalt.

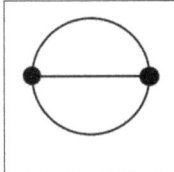 Der **Zweipol** ist ein Ergänzungs-Gegensatz. Er besteht aus zwei „Ladungen": „+" und „-" oder „Nordpol" und „Südpol". Er ist vor allem durch das Yin/Yang-Symbol (☯), aber auch durch das astrologische Symbol des Oppositions-Aspektes (180°-Winkel; Symbol: ☍) bekannt, die beide wie eine Schaukel einen ewigen Wechsel beschreiben. Diese Struktur entspricht in der Natur der zweipolaren elektromagnetischen Kraft. Sie erschafft Anziehung und Abstoßung sowie rhythmische und kreisende Bewegungen.

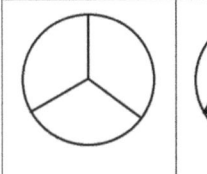  Der **Dreipol** hat drei Ladungen, die erst gemeinsam den neutralen Zustand ergeben: „rot" + „gelb" + „blau" = „weiß". In der Natur findet sie sich als dreipolare „starke Wechselwirkung", die u.a. die Vorgänge in Protonen und Neutronen prägt. Wegen des Farben-

Gleichnisses für ihre Dreipolarität wird sie auch „Farb-kraft" genannt. Sie entspricht dem astrologischen Aspekt des Trigons (120°-Winkel; Symbol: ▲), das alle beteiligten Elemente in einer Freundschaft verbindet. Die Drei-polarität ist auch mit dem kreisförmigen Lauf durch mehrere, ständig wiederkehrende Zyklen verbunden. In der Astrologie verbindet ein Trigon die drei Phasen desselben Elements wie z.B. das erschaffende Feuer des Widders, das ausgestaltende Feuer des Löwen und das bewegliche Feuer des Schützen.

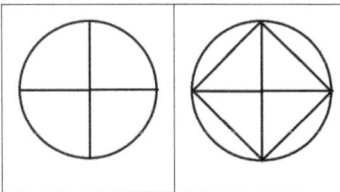

Der **Vierpol** findet sich in der Natur u.a. zwischen der elektrischen Welle und der magnetischen Welle in einem Photon – beide Wellen kreuzen sich stets im rechten Winkel. In der Astrologie ist trennt das Quadrat zwei Dinge und spannt dadurch einen Raum auf (90°-Winkel; Symbol: □). Der Vierpol entspricht auch den vier Richtungen mit der Sonne in der Mitte sowie den vier Elementen mit der Quintessenz in ihrem Zentrum. In der Astrologie verbindet das Quadrat dieselbe Phase der vier Elemente wie z.B. das erschaffende Feuer des Widders, das erschaffende Wasser des Krebses, die erschaffende Luft der Waage und die erschaffende Erde des Steinbocks.

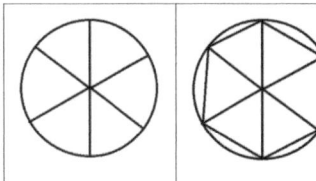

Der **Sechspol** kommt in der Natur an vielen Stellen vor: als Schneeflocke, als Wabe, als die Anordnung von gleichgroßen Kugeln, als sechs Monde auf derselben Umlaufbahn, die alle den gleichem Abstand voneinander haben usw. In der Astrologie findet sich die Sechspolarität im Sextil wieder, das gleiche Elemente zu einer Gruppe zusammenbindet (60°-Winkel; Symbol: ✳). Diese Polarität ist in letzter Zeit als „Blume des Lebens" etwas bekannter geworden. Der Sechspol, der eine Differenzierung des Dreipols und somit das Zusammenwirken von zwei Kräften ist, erscheint als das eher ruhende Hexagon („Wabe") und als das eher aktive Hexagramm („sechsstrahliger Stern"). Die beiden Kräfte, die hier zusammenwirken, sind in der Astrologie entweder die drei Phasen des Feuers und die drei Phasen der Luft oder die drei Phasen des Wassers und die drei Phasen der Erde.

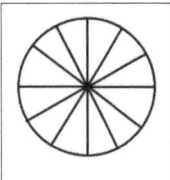

Der **Zwölfpol** ergibt sich durch die Kombination der Ein-Polarität mit der Zwei-Polarität, der Drei-Polarität und der Vier-Polarität. Sie findet sich in der Natur als die 12 grundlegenden Elementar-Teilchen, als der zwölfteilige Superstring (das Grundelement der heutigen

Physik) und als der Tierkreis wieder. Der Umraum eines Zentrums ist zwölfgeteilt. Diese Polarität ist bei den Kornkreisen sehr weit verbreitet.

Der **Kreis**, der manchmal zur besseren Unterscheidung auch „Kreisfläche" genannt wird, ist ein Zentrum und somit der Bereich der Identität. Er ist ein Individuum und daher auch der Grundbaustein der Kornkreise, die anfangs lange Zeit über auch lediglich solche kreisrunden Flächen gewesen sind.

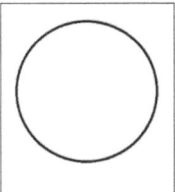

Der **Ring**, der manchmal auch „Kreisring" genannt wird, ist ein Umraum, eine Umgebung, eine Haut, eine Stadtmauer, eine Ausstrahlung usw. Sie kann statisch sein, aber auch rotieren bzw. es kann in ihr etwas wie in einer Leitung fließen. Der Ring ist oft zwölfgeteilt wie der Tierkreis oder der Superstring, in denen ebenfalls etwas im Kreis fließt. Diese Zwölfteilung wird dem Kornkreis nicht immer als Struktur eingezeichnet, aber diese Struktur ist sozusagen unausgesprochen stets in allen Ringen vorhanden.

Die Symbolik der **Geraden** ist schlicht: Entweder ist sie als Gerade die kürzeste Verbindung zwischen zwei Punkten oder sie ist ein Strahl, der von einem Punkt aus in den Umraum hinausführt.

Ein **Kreisbogen** ist ein Teil von einem Ring. Dies sind meistens Halbkreise, seltener Viertelkreise und ganz selten auch mal Dreiviertelkreise. Der Halbkreis ist eine Öffnung auf etwas anderes hin: eine Halterung, ein Sender oder ein Empfänger – er ist wie ein Parabolspiegel. Der Viertelkreis ist eher so etwas wie ein Kontaktpunkt. Der Dreiviertelkreis ist ein geöffnetes Gefäß.

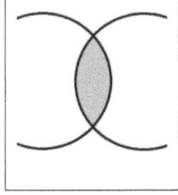

Die **Mandel** ist die Schnittmenge zweier Kreis. Ihre Längsachse liegt im rechten Winkel zu der Verbindungslinie zwischen den Mittelpunkten der beiden Kreise. Die Mandel liegt also quer zwischen zwei Individuen und wird durch sie geprägt. Sie drückt daher etwas Gemeinsames aus: den Bereich, in dem zwei Individuen (Kreise) übereinstimmen. Man kann die Mandel auch noch auf eine zweite Weise betrachten: Die Mittelpunkte beider Kreise üben Druck auf einander aus, wodurch eine flache Form entsteht, die sich zwischen diesem Druck hindurch bewegt – wie die Fische, die ja auch meist annähernd Mandelform haben und sich mithilfe dieser Form am einfachsten durch den Wasserwiderstand bewegen können. Welche der beiden Deutungen jeweils passender ist, muß man von Fall zu Fall entscheiden.

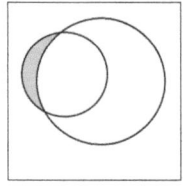

Die **Sichel** ist in gewisser Weise das Gegenstück zur Mandel: Sie ist der Teil der Fläche von zwei Kreisen, die nicht beiden gemeinsam ist. Daher ist die Sichel etwas, was an etwas anderem dranhängt, was etwas anderes trägt oder schützt. Es kann auch etwas Empfangendes sein. Die Sichel hat im Gegensatz zur Mandel auch eine klare Ausrichtung, da sie zwei verschiedene Seiten hat: Der Innenbogen empfängt und sucht Kontakt; der Außenbogen weist ab und schützt.

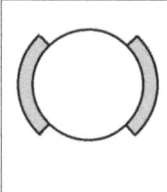

Der **Sichel-Kreis** hat eine etwas andere Bedeutung als die Sichel, da der Sichel-Kreis einen internen Vorgang beschreibt, die Sichel jedoch einen externen Vorgang. Der Sichelkreis zeigt, daß sich der innere Kreis aus dem Zentrum zum Rand hin bewegt – ein Bewegungsimpuls. Wenn mehrere Sichel-Kreise hintereinander erscheinen, bilden sie sozusagen eine Leitung für diesen Bewegungsimpuls – sie sind dann sowohl die Bewegung selber als auch die Hülle dieser Bewegung. Daher eignet sich eine Reihe von Sichelkreisen auch gut für die Darstellung von Rückenwirbeln u.ä.

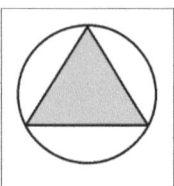

Ein **gleichseitiges Dreieck** ist ein Dreipol, d.h. die Zusammenfassung von drei Polen zu einer Einheit. Das Dreieck steht somit für eine dynamische Einheit, die sich bewegt und sich entwickelt. Bei den Kornkreisen findet sich jedoch das Bogen-Dreieck wesentlich häufiger als das Dreieck mit den geraden Seiten.

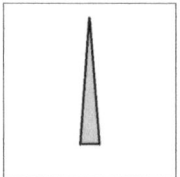

Das **spitze Dreieck** ist ein Strahl, ein Impuls, ein Angriff, eine Verteidigungs-Struktur o.ä. Seine Deutung hängt weitgehend von dem Zusammenhang ab, in dem es auftritt.

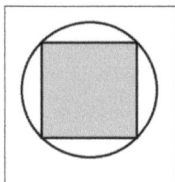

Das **Quadrat** erscheint in Kornkreisen sehr selten. Es ist sehr statisch, fest, hart und spannt einen Raum auf. Es kann daher ein Fundament oder eine Schutzmauer sein.

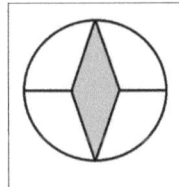

Eine **Raute** ist ein Quadrat ohne rechte Winkel bzw. mit zwei verschieden langen Diagonalen. Sie erscheint als Fläche zwischen zwei Gruppen von parallelen Linien. Wenn diese Linien Geraden sind, entsteht die klassische Raute mit geraden Seiten; wenn diese Linien jedoch Bögen sind, entsteht die Bogen-Raute, die im Folgenden noch besprochen wird. Dadurch, daß die Raute als Fläche zwischen sich überlagernden parallelen Linien entsteht, ist sie so gut wie immer ein Hinweis auf Kraftfelder, also auf das Verhältnis von zwei Impulsen, die aufeinander treffen.

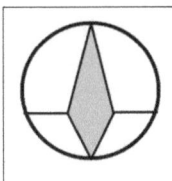

Die **Spitz-Raute** ist eine recht seltene Form, obwohl sie eigentlich recht interessant ist. Sie entsteht auf dieselbe Weise wie die normale Raute, aber hat auch die Qualität eines Strahls, d.h. sie hat eine Richtung: Sie bewegt sich in die Richtung der schmaleren Spitze.

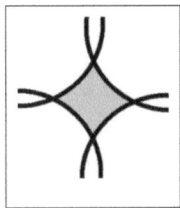

Eine Bogen-Raute mit vier nach innen gerichteten Bögen wird „**Karo**" genannt. Sie entsteht als Raum zwischen vier Kreisen, deren Mittelpunkte ein Quadrat bilden. Das Karo ist also der Raum im Zentrum, der von vier gleichgroßen (= gleichstarken) Individuen (Kreisen) in ihrer Mitte übriggelassen wird, wenn sie einen Raum aufspannen. Ein Karo ist somit eine Form, die von allen vier Seiten her unter Druck steht. Sie neigt dazu, zu implodieren, d.h. in sich zusammenzufallen.

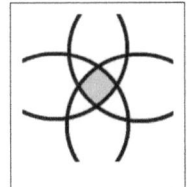

Die **Bogen-Raute** mit vier nach außen gerichteten Bögen ist die gemeinsame Schnittfläche von vier Kreisen, deren Mittelpunkte die Ecken eines Quadrates bilden. Ein Karo ist der Raum, der sich bildet, wenn die Außenlinien dieser vier Kreise nicht bis zu der Mitte zwischen ihnen reichen. Die Bogen-Raute entsteht hingegen, wenn die Außenlinien der vier Kreise über ihre gemeinsame Mitte hinausragen. Während das Karo von vier Seiten her, also von außen her unter Druck steht, enthält die Bogen-Raute in ihrem Inneren den kombinierten Druck von vier Kreisen, da sie die Schnittfläche von vier Kreisen ist. Die Bogen-Raute ist also ein extrem expansives Element – sie ist das „Anti-Karo". Sie eignet sich gut als Mittelpunkt einer komplexen Form.

Die Bogen-Raute, die zwei nach innen gerichtete Bögen und zwei nach außen gerichtete Bögen hat, könnte man „**Knospe**" nennen. Die beiden Innen-Bögen (in der Skizze unten) machen Druck auf die Knospe, die wiederum mit ihren beiden Außen-Bögen (in der Skizze oben) Druck nach außen macht. Diese Bogen-Raute ist also etwas, das sich bewegen will, das weiterkommen, wachsen, aus etwas herauskommen will – eben eine Knospe, ein Keim, ein Penis, ein ungeborenes Kind, ein neuer Gedanke, ein starker Impuls, die angeschwemmte Erde eines Baches in einer Ebene, ein Maulwurfshügel usw.

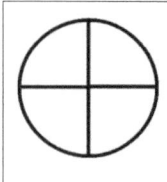

Das **Kreuz** tritt in den Kornkreisen relativ selten auf. Es entsteht, wenn sich zwei Linien im rechten Winkel kreuzen. Solche Linien sind in der Regel die Verbindung zwischen zwei Polen – es muß bei einem Kreuz also zweimal zwei Pole geben.

Dies ist z.B. bei einem Photon der Fall, das physikalisch gesehen eine elektromagnetische Welle ist. Wenn man von vorne auf eine solche Welle blickt, wenn das Licht also auf einen zuflogen kommt und man in der Lage wäre, dieses Licht in seiner Struktur zu erkennen, würde man das folgende Bild sehen: Die elektrische Welle könnte z.B. die waagerechte Linie sein – da sie eine Welle ist, würde sie ständig von dem „+" auf der einen Seite zu dem „-" auf der anderen Seite hin- und herwechseln. Die magnetische Welle wäre dann die senkrechte Linie und würde dort ständig zwischen dem „Nord" an dem einen Ende und dem „Süd" an dem anderen Ende von oben nach unten und zurück wechseln. Das Verhältnis zwischen diesen beiden Wellen ist immer ein rechter Winkel (90°). Dieser Winkel ist der maximale Abstand zwischen den vier beteiligten Polen. Solch ein Kreuz ist also ein sehr stabiles Verhältnis.

Auch in der Astrologie ist der 90°-Aspekt („Quadrat") ein sehr stabiler Winkel, der einen Raum aufspannt. Ein Kreuz ist also starr, fest, stabil und läßt Formen entstehen, die zwei Längsachsen haben.

Das **Begleiter-Linien-Paar** scheint so etwas wie eine Hülle zu sein, also eine Leitung. Diese Linien treten fast immer paarweise auf – meines Wissen nur neben Geraden, aber nicht neben Bögen. Das läßt vermuten, daß sie auch die Funktion haben, die Gerade zwischen ihnen auszurichten. Sie sind sozusagen das, was einen normalen Lichtstrahl zu einem Laserstrahl werden läßt.

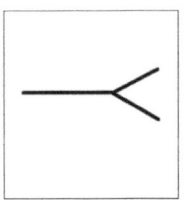

Die **Linien-Weiche** ist extrem selten und taucht anscheinend nur bei zwei Kornkreisen auf, die zudem so ungenau angefertigt sind, daß man vermuten könnte, daß sie von Menschen erschaffen worden sind. Wenn diese Gabelung den Winkel von 90° oder 120° hat, könnte sie eine Bedeutung haben – eben das Raumschaffen (90°) bzw. das Verbinden zu einer Einheit (120°).

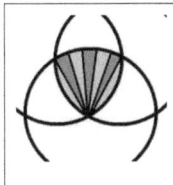

Die **Federn** sind oft nicht von **Strahlen** unterscheidbar – was mit diesen länglichen Formen gemeint ist, kann man oft nur aus dem Zusammenhang heraus erkennen. Aber da sie entweder die Darstellung einer Bewegung sind (Strahl) oder das, was eine Bewegung verursacht (Federn), ist diese Unterscheidung auch nicht so wichtig, da diese Form in beiden Fällen auf eine Bewegung hinweist.

Das „**S**" bildet sich an der Außenkante von zwei polaren Kreisen und ist auch ein Element, daß sich in dem Yin/Yang-Zeichen findet. Es stellt eine Spannung und eine Bewegung dar. Es ist eine direktere und eigenständigere Variante des rotierenden und pulsierenden großen Rings zwischen zwei kleineren polaren Kreisen.

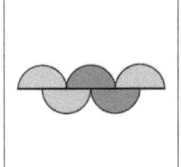

Die **Halbkreis-Reihe**, also eine Gerade, an der sich auf beiden Seite Halbkreise befinden, deren Ende jeweils auf den Mittelpunkt des Halbkreises auf der anderen Seite trifft, ist eine zweite Möglichkeit, ein „S" zu konstruieren (die einzelne dunkelgraue Form). Hier wird eine längere Bewegung dargestellt als bei einem einfachen „S". Man kann die Halbkreis-Reihe daher auch als eine Folge von mehreren „S" auffassen.

Die **Schlangenlinie** ist nichts anderes als eine Halbkreis-Reihe, bei der die Innenwinkel zwischen den Halbkreisen abgerundet worden sind. Auch sie stellt eine längere Bewegung dar.

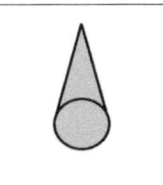

Der **gerade Tropfen** ist die Bewegung eines Kreises in eine bestimmte, gerade Richtung – also das „Fallen" oder „Hingezogenwerden" zu etwas anderem hin.

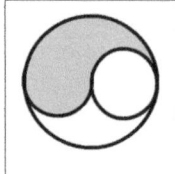

Der **gebogene Tropfen**, der auch „Miribota" genannt wird, ist eben-falls eine Bewegung, die jedoch im Kreis verläuft. Solch eine Bewegung entsteht, wenn zu dem Impuls des Tropfens (der ihn in eine gerade Richtung bewegen würde) noch eine Anziehung von der Seite her hinzukommt. Dieses Prinzip findet sich z.B. bei den kreisför-migen Umlaufbahnen der Planeten um die Sonne oder der Elektronen um einen Atomkern. Auch das Yin/Yang-Zeichen stellt dieses Prinzip dar. Das Miribota weist also auf die Bewegung einer Einheit (Kreis) innerhalb eines Systems hin. In den meisten Fällen besteht dieses System aus zwei Einheiten: den beiden polaren Kreisen, die „+" und „-", „Nord" und „Süd", Yin und Yang usw. darstellen. Diese beiden Pole kreisen umeinander und lassen so die Bewegung des gebogenen Tropfens entstehen.

Die **Spirale** ist entweder eine Entwicklung von innen nach außen oder eine Entwicklung von außen nach innen. Hier wird das Strahlen mit einer Kreisbewegung überlagert. Man kann also aus einer Spirale schließen, daß das betreffende System strahlt, d.h. expandiert oder leuchtet, und daß das betreffende System rotiert, d.h. in sich selber ruht. Die Spirale ist sozusagen die Pirouette eines Tänzers, der ganz in sich ruht und dadurch eine große Ausstrahlung hat.

Die **symmetrische Doppelspirale**, die auch als das chinesische Glücks-Symbol bekannt ist, entsteht, wenn ein Impuls in ein System eindringt. Dies ist z.B. der Fall, wenn ein Bach in einen Teich fließt. In rechten Skizze kommt der Impuls von unten. Diese Form findet man an vielen Stellen wie z.B. auch bei den Eierstöcken der Frau (linke Skizze). Die symmetrische Doppelspirale entsteht in dem System, in das ein Impuls eindringt – der Impuls selber nimmt dabei die Form der „Knospe" an, die sich u.a. beim Penis des Mannes (mittlere Skizze) findet. Die Knospe und die symmetrische Doppelspirale gehören also zusammen und sind die beiden Formen, die entstehen, wenn sich zwei Systeme miteinander verbinden.

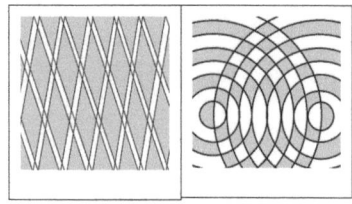

Das **Kraftfeld aus Rauten** entsteht aus der Überla-gerung von parallelen Geraden oder Bögen, die wiede-rum Wellen sind, die von einem aktiven Zentrum ausgehen. Diese Zentren sind meistens Kreise (rechte Skizze). Durch das Überlagern der konzentrischen Kreise, die von zwei verschiedenen Punkten ausgehen bzw. der Reihen von Geraden, die von zwei geraden Flächen ausgehen (linke Skizze), entsteht ein Muster, in dem sich diese Linien kreu-zen. Dadurch entstehen entweder Rauten mit geraden Kanten oder eben Bogen-Rauten.

Das Rauten-Muster stellt somit ein Kraftfeld dar, in die Einflüsse beider „Sender" zusammengefaßt und graphisch dargestellt werden. Die Form der Rauten hängt von vier Einflüssen ab:

1. von der Anzahl der „Sender",
2. von der Form der Sender,
3. von ihrem Abstand zueinander, und
4. von dem betrachteten Ausschnitt des gemeinsamen Kraftfeldes.

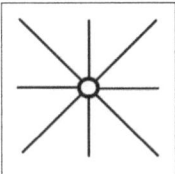 Die **Linien, die von einem Mittelpunkt ausgehen**, stellen ein strahlendes, expandierendes und seinen Umraum prägendes System dar.

 Die **Kreisfläche mit Ring** ist ein Individuum, daß sich gut geschützt hat. Der Eindruck dieser Struktur ist jedoch sehr stark von der Größe des Kreises, der Dicke des Ringes und dem Abstand zwischen beiden abhängig.

 Die **kleine zentrale Kreisfläche in einer großer Kreisfläche** zentriert diese Fläche und vermittelt den Eindruck von Bewußtheit und Entschiedenheit.

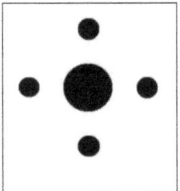 Der **Zentralkreis mit 4 Kreisen** ist ein Zentrum mit einem organischen Umraum: die Sonne mit den vier Richtungen, die Quintessenz mit den vier Elementen u.ä. Es handelt sich bei dieser Form also um einen strukturierten Organismus.

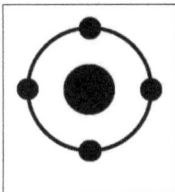 Der **Zentralkreis mit Ring und 4 Kreisen** entspricht der vorigen Form. Sie ist jedoch durch den Ring stabiler und nach außen hin abgegrenzt. Daher kommt auch fast nur diese Form vor – die vorige, Ring-lose Form ist ausgesprochen selten.

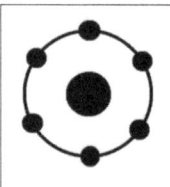

Der **Zentralkreis mit Kreisring und 6 Kreisen** ist noch organischer als die beiden vorigen Formen, da die „6" eine organische Gruppe und nicht nur einen Raum wie die „4" darstellt.

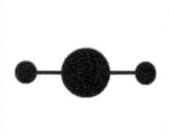

Der Mittelkreis mit zwei Polkreisen ist sozusagen der Motor bzw. das Herz sehr vieler Kornkreise. Die beiden Pole verursachen das Pulsieren bzw. Rotieren des Zentralkreises – wie bei einem Elektromotor bzw. bei einem Herz. Man kann diese Form auch als Magnet oder als Batterie auffassen.

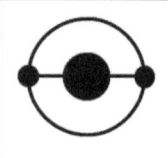

Der Mittelkreis mit zwei Polkreisen und Ring betont durch den Ring die Einheit des Systems. Der Ring stellt zudem das Rotieren und Pulsieren der Energie in dem System dar.

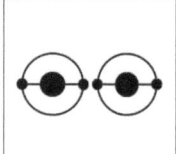

Die **Reihen von Polar-Kreisen**, die manchmal auftreten, sind sozusagen hintereinander geschaltete Magnete, Batterien oder Elektromotoren, die gemeinsam eine größere Kraft haben als ein einzelnes Polar-Element. Dies Struktur kommt fast nur bei den langen Kornkreisen vor.

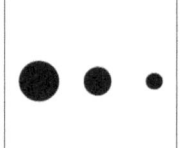

Bei **dreifachen Formen mit abnehmender oder zunehmender Größe** wird zusätzlich zu dem Zyklus noch eine Richtung betont, in die sich dieser Zyklus hin entwickelt. Auch hier werden meistens Kreise verwendet.

Der **Mandel-Dreistern** ist wie die beiden vorigen Formen ein Hinweis auf eine Entfaltung, eine Entwicklung oder einen Zyklus. dieser Dreistern entsteht durch die Schnittflächen von drei Kreisen, deren Mittelpunkte auf einem vierten Kreis liegen. Diese Struktur betont das Strahlen des zyklischen Systems.

Das **Mandel-Kreuz** betont hingegen entsprechend der Symbolok der „4" das Einnehmen, Erobern und Gestalten eines Raumes.

Der **Mandel-Sechsstern** legt den Schwerpunkt auf die organische Gestaltung und die Koordination aller Elemente miteinander in diesem strahlenden System.

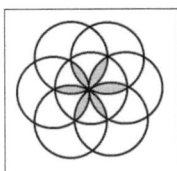

Der **Mandel-Sechsstern mit Zentralkreis** unterscheidet das Zentrum von dem Umraum dieser Struktur. Diese Form wird auch „Blüte des Lebens" genannt. Sie ist zudem die Darstellung des astrologischen Sextil-Aspektes (60°-Winkel), der eine organische Gruppenbildung beschreibt.

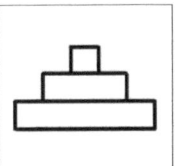

Die **Stufenpyramide** ist im Prinzip ein schichtweise aufgebautes Dreieck und hat daher auch dieselbe Symbolik wie ein Dreieck. Es wirkt jedoch stabiler und der Zyklus-Aspekt tritt in den Hintergrund. Daher ist diese Form eher eine Verteidigungs-Bastion als ein Hinweis auf eine Entwicklung.

Punkt-Reihen sind Wege, Hinweise auf Zusammenhänge, Strahlen u.ä. Sie sind recht unspezifisch, da sie lediglich einen allgemeinen Zusammenhang, aber keine bestimmte Qualität oder Richtung darstellen.

7- Punkt-Reihen, die oft noch einen etwas größeren Zentralkreis haben, sind eine Darstellung der Chakren: das Zentrum (Herzchakra), das sich nach oben und nach unten hin im Dreischritt entfaltet – Impuls (Sonnengeflecht, Halschakra), Struktur (Hara, Drittes Auge) und Kontakt (Wurzelchakra, Scheitelchakra).

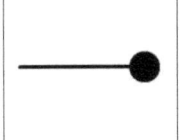

Endpunkte an Linien beenden ganz schlicht eine Gerade, die ohne diesen Endpunkt an diesem Ende ein Strahl wäre. Während ein Strahl von einem Zentrum aus endlos in die Weite hinausgeht, beginnt eine Gerade an einem Zentrum (Kreis) und endet an einem anderen Zentrum.

II 9. Die direkte Wahrnehmung

Die bisher dargestellten Methoden sind allesamt analytisch gewesen, d.h. es wurde ein Ort betrachtet und aus dem, was man sieht, auf die Kräfte geschlossen, die dazu geführt haben, daß der Ort eben so aussieht, wie er aussieht. Aus der physischen Form wurde zunächst auf die physischen Kräfte geschlossen und dann davon ausgegangen, daß die Lebenskraft diesen physischen Formen und ihrem Charakter entspricht.

Es gibt jedoch auch Methoden der direkten Wahrnehmung der Lebenskraft und somit der Qualität eines Ortes. Sie werden in den drei folgenden Unterkapiteln dargestellt.

II 9. a) Den Drachen reiten

Dies ist eine traditionelle intuitive Methode aus dem Feng-Shui. Man geht zunächst in einem weiten Kreis um den Ort herum, den man untersuchen will. Dabei markiert man alle Stellen, an denen man mehr Kraft spürt als an den anderen Stellen auf diesem Kreis. Dann stellt man sich an eine dieser Stellen und läuft dann einfach spontan los und markiert anschließend den Weg, den man gerannt ist. Das wiederholt man mit allen anderen Stellen auf dem Kreis.

Auf diese Weise erhält man an dem Ort, den man untersucht, ein Geflecht aus Linien, an denen vermehrt Lebenskraft fließt – die Lebenskraft lenkt den eigenen spontan gelaufenen Weg an diesem Ort. Mithilfe dieses Geflechts von Linien kann man dann erkennen, wo die Kraftplätze an diesem Ort sind – dort, wo sich mehrere der Linien kreuzen.

Die Lebenskraft, die entlang dieser Linie fließt, wird in China als „Drache" personifiziert. (Es gibt vor allem Erddrachen, Wasserdrachen und Wolkendrachen sowie den goldenen Sonnendrachen, der u.a. die Lebenskraft des Kaisers ist.)

Als nächstes kann man die auf diese Weise gefundenen Kraftplätze genauer betrachten, um ihren Charakter zu beschreiben – ihre Stärke ergibt sich aus der Anzahl der Linien, die sich an ihm kreuzen, sowie aus ihrer Lage zu den anderen Kraftplätzen.

Diese Kräftplätze, an denen sich mehrere „Drachen-Wege" kreuzen, könnte man auch „Drachen-Nester" nennen.

Die so entstandene Lebenskraft-Landkarte dieses Ortes ist dann die Grundlage z.B. für den Entwurf des Hauses, das man an diesem Ort bauen will.

Diese Methode sollte man natürlich erst einmal ein wenig üben, bevor man sie als Grundlage für konkrete Planungen verwendet.

Wenn man die Möglichkeit dazu hat, sollte man diese Methode unabhängig von drei oder vier Personen durchführen lassen und dann anschließend die Ergebnisse vergleichen. Auf diese Weise kann man eine etwas größere Sicherheit in den Ergebnissen erreichen.

Diese Methode ist den Familienaufstellungen nah verwandt. Der Unterschied besteht lediglich darin, daß man seine Wahrnehmungen der Lebenskraft nicht in Gesten und Worte übersetzt, sondern in Bewegungen.

II 9. b) Traumreisen

Dies ist eine innerlich-direkt Methode. Man setzt sich an den betreffenden Ort oder vor einen Karte, auf der dieser Ort eingezeichnet ist und schaut sich innerlich an diesem Ort um, d.h. man macht eine Traumreise an diesen Ort. Mit etwas Übung kann man auf diese Weise die meisten Qualitäten des betreffenden Ortes erkennen.

Auch hier ist es zumindestens bei größeren Projekten ratsam, mehrere Personen unabhängig voneinander eine solche Traumreise machen zu lassen und dann anschließend die Ergebnisse zu vergleichen und die evtl. aufgetretenen Unterschiede in den Ergebnissen genauer zu betrachten, um zu einer möglichst zuverlässigen Beschreibung des Ortes zu gelangen.

Bei den Traumreisen werden die Wahrnehmungen der Lebenskraft nicht in Gesten und gesprochene Worte (Familienaufstellungen) oder in Bewegungen (Drachen-Ritt) übersetzt, sondern in innere Bilder und innere Worte.

Weitere ähnliche Methoden sind das Wünschelrutengehen und das Pendeln. In beiden Fällen wird ein Hilfsmittel als „Monitor" für die Wahrnehmungen der Lebenskraft benutzt – entweder die Wünschelrute oder das Pendel, deren Bewegungen von der Arm- und Hand-Muskulatur ihres Benutzers unbewußt verursacht werden. Da die Bedeutungen dieser Bewegungen vorher festgelegt worden sind, kann das Unterbewußtsein des Betreffenden die eigenen telepathischen Wahrnehmungen dem Wachbewußtsein durch diese Wünschelruten- bzw. Pendel-Bewegungen mitteilen.

Dieses komplexe Gebiet habe ich ausführlich in meinem Buch „Auto-Movement für Anfänger" dargestellt.

II 9. c) Hellsehen

Dies ist eine äußerlich-direkt Methode. Im Grunde gleicht sie sehr stark der Traumreise, nur daß beim Hellsehen eine andere Projektionsfläche für die Wahrnehmungen benutzt wird – man erlebt die Wahrnehmung nicht als inneres Bild, sondern als ein auf die physische Umgebung projiziertes Bild.

Dieses Hellsehen kann aus Stellen an dem Ort, die zu leuchten beginnen, bestehen. Es kommt auch vor, daß farbige Schemen und Gestalten an dem Ort erscheinen. Eher unspektakulär ist hingegen das spontane „Wissen", welche Qualität welche Stelle an diesem Ort hat.

- - -

Diese drei direkten Methoden der Wahrnehmung erfordern alle ein wenig Übung, aber können dann eine große Bereicherung der analytischen Methode, die von dem konkretem Ort auf seine Qualität schließt, sein.

II 10.   Beispiele

Wie man die Qualität eines Ortes erfaßt, ist für jeden Menschen anders – schließlich hat jeder seine eigene Biographie, sein eigenes Horoskop und seine eigenen Erfahrungen. Daher kann man in einem Buch nur Anregungen geben – die natürlich sehr stark von dem Charakter des Autors geprägt sind.

Diese Einseitigkeit kann man zu verringern versuchen, indem man in den Beispielen möglichst alle bekannten Methoden anwendet und auch möglichst verschiedene Beispiele benutzt.

Letztlich muß jeder seine eigene Methode finden, da er mit dieser individuellen Methode am effektivsten sein wird.

II 10. a)   Die Erde

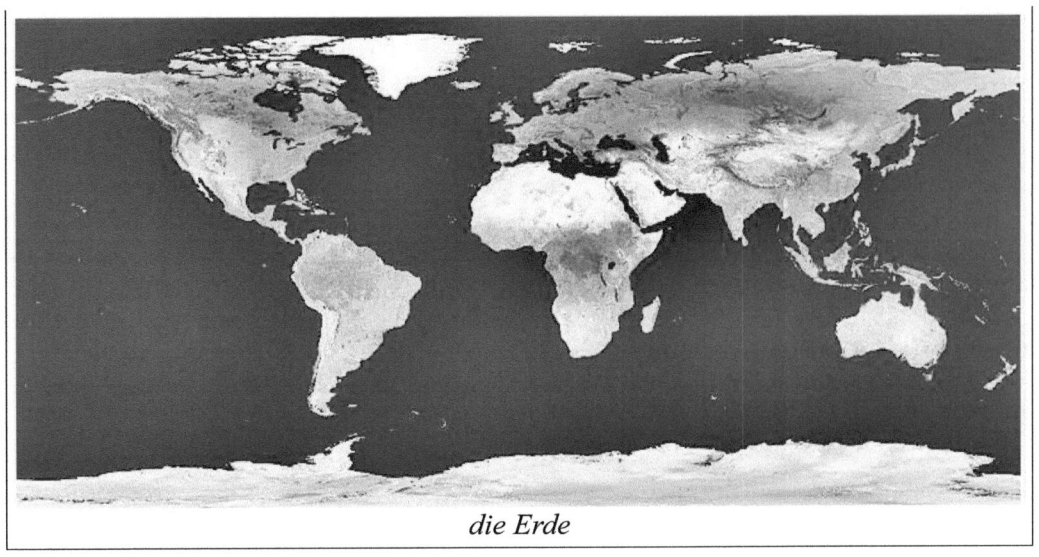

die Erde

Dies ist der größtmögliche Ort, den man auf der Erde betrachten kann – eben die gesamte Erdoberfläche. Das ist natürlich nur in den groben Zügen möglich.

Zunächst einmal kann man sehen, daß Amerika durch den Mittelatlantischen Rücken nach Westen geschoben wird und daher auf seiner Westseite (links) eine langgezogenes Gebirge bildet – das ist die unruhige Seite dieses Kontinents, an der sich Gebirge auftürmen, Erdbeben die Erde erschüttern und Vulkane ausbrechen. Der östliche Teil von Nord- und Südamerika ist weitgehend flach und wird von großen Flüssen durchzogen – diese Hälfte ist ruhiger, feuchter, friedlicher.

Man kann auf der Karte gut erkennen, wie Nord- und Südamerika ursprünglich zusammen mit Afrika und Europa als ein großer Kontinent zusammengehangen haben bevor sie durch die an dem heutigen Mittelatlantischen Rücken aufsteigende Lava auseinandergedrängt worden sind. Da Amerika kleiner als Afrika/Eurasien ist, ist vor allem Amerika fortgeschoben worden und hat folglich auf seiner Westseite ein „Bugwellen-Gebirge" gebildet. Vor dieser Kontinenten-Trennung und der Bildung der amerikanischen West-Gebirge floß der heutige Kongo durch das Flußbett des Amazonas weiter und hat dann in den Pazifik gemündet – durch die Entstehung der West-Gebirge hat der Amazonas seine Fließrichtung ändern müssen.

Afrika ist in gewisser Weise der „alte Kontinent" – hier finden sich viele altertümliche und große Tiere und von hier stammen sowohl die ersten Menschen (Homo erectus) als auch die heutigen Menschen (Homo sapiens). Zudem ist Afrika das Mittelstück des einstigen Groß-Kontinents Gondwana gewesen, bevor sich dieser in die heutigen Kontinente aufgeteilt hat. Afrika ist also sozusagen das „Herz der Kontinente".

Die Antarktis, Indien und Australien haben einst an der Ostseite der unteren Hälfte Afrikas gelegen.

Die Antarktis ist nach Süden gedriftet und ist nach und nach vereist.

Australien ist nach Osten gedriftet und hat eine recht eigenständig Tier- und Pflanzenwelt entwickelt.

Indien ist nach Nordosten gedriftet und schließlich gegen Asien gestoßen, wodurch Tibet und der Himalaja aufgetürmt worden sind. Diese Gebirge wachsen noch heute am schnellsten, aber werden gleichzeitig vom Regen abgetragen. Deshalb ist dies der „aufstrebendste Ort" auf der Erde – es ist wohl kein Zufall, daß sich gerade hier die tibetisch-buddhistische Religion ausgebildet hat.

Südlich der großen Gebirge ist Asien warm und feucht, nördlich der großen Gebirge feucht und kalt. Dasselbe gilt in abgemilderter Form für Europa.

Die Alpen sind ein recht junges Gebirge, das durch den Zusammenprall von Afrika und Europa entstanden ist.

Der Äquatorstreifen der Erde ist feucht und heiß – hier wachsen die tropischen Urwälder. Nördlich und südlich davon liegen die beiden Trockenzonen, die auf der Nordhalbkugel viel größer sind (Sahara bis Gobi) als auf der Südhalbkugel (Kalahari), weil der weitaus größte Teil der Landmasse auf der Nordhalbkugel liegt.

An diese beiden Trockenzonen schließen sich im Norden und Süden wieder zwei Feuchtzonen an, in denen die borealen Urwälder von Eurasien und Nordamerika wachsen.

Ganz im Norden und im Süden liegen schließlich die beiden Eis-Gebiete: Arktis und Antarktis.

II 10. b)   Ein Kontinent

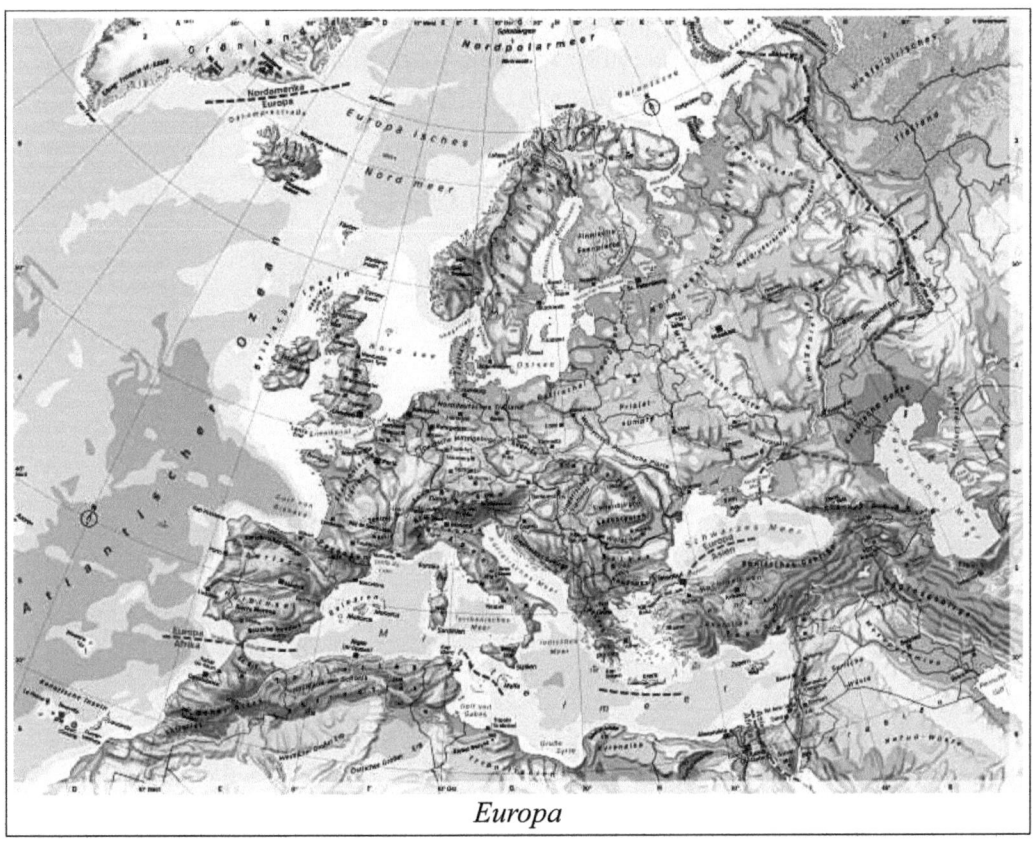

Europa

Enstehungsgeschichtlich gesehen, gehörte Spanien/Portugal ursprünglich nicht zum europäischen Kontinent, sondern war eine eigenständige Insel. Durch den Aufprall dieser Insel auf Europa sind die Pyrenäen entstanden.

Großbritannien und Irland sind erst im Laufe der letzten Eiszeit durch Flachmeere von dem Rest von Europa getrennt worden.

Die Gebirge in Schottland sind die ältesten bekannten Gebirge – dies sollte daher ein Ort mit „tiefen Wurzeln" und großem Rückhalt sein.

Die Gebirge in Skandinavien steigen pro Jahr um ca. 1cm in die Höhe. Dies liegt daran, daß dieser Bereich während der Eiszeit von einer 3km dicken Eisschicht bedeckt gewesen ist und das Land in die Tiefe gerückt hat – das jetzt in den 12.000 Jahren seit dem Ende der Eiszeit allmählich wieder „auftaucht".

Während das Mittelmeer, die Ostsee und das Schwarze Meer drei „ruhige Meere"

53

sind, weil sie Binnenmeere sind, ist die Wirkung von Ebbe und Flut an der Nordsee sehr groß, was dazu führt, daß die meist flache Küste sehr stark abgetragen wird. Dadurch sind die Nordküste von Deutschland, Holland, Belgien und teilweise auch noch Frankreich „gefährdete Bereich", die sehr stark unter dem Einfluß des Meeres stehen.

II 10. c)   Ein Land

BRD

Die Grunddynamik in Deutschland ist die Nord/Süd-Schräge: die Gebirge im Süden und die flache Küste im Norden. Daher fließen auch die meisten Flüsse von Süden nach Norden – lediglich die Donau fließt von Westen nach Osten.

Ein markantes Gebiet sind die Alpen, die deutlich jünger (und daher auch noch höher) als die anderen Gebirge in Deutschland sind.

Ein weiteres auffälliges Merkmal ist der oberrheinische Grabenbruch, der entstanden ist, als Afrika gegen Europa gestoßen ist und dabei einen Riß in Süddeutschland hat entstehen lassen. Daher gibt es im Süden dieses Risses auch einen großen Vulkan (Kaiserstuhl) und ebenso im Norden dieses Risses (Vogelsberg). Durch den Spalt in der Erdoberfläche konnte die Lava an dieser Stelle leichter an die Oberfläche hinaufsteigen.

Ein weiteres Vulkangebiet ist die Eifel. Dieser Bereich reicht an mehreren Stellen auch noch über den Rhein bis an dessen Ostseite hinaus. Dieser Vulkanismus hat u.a. auch zu vielen kohlensäurehaltigen Mineralquellen in diesem Bereich sowie zu dem Kohlensäure-Geysir in Andernach am Rhein geführt.

Die Schwäbische Alp, die Fränkische Alp und der Schwarzwald trennen den Einzugsbereich der Donau von dem Einzugsbereich des Rheins, der Weser und der Elbe. Das Donau-Tal ist also von der Wasser-Symbolik her ein eigenständiger Bereich, während das übrige Deutschland in dieser Hinsicht weitgehend eine Einheit aus parallel fließenden Flüssen bildet.

Neben der Feuer-Symbolik der Vulkane und der Wasser-Symbolik der Flüsse gibt es noch die Wind-Symbolik der Luft. Die stärksten Winde gibt es in Norddeutschland an der Küste, da die Winde über dem Meer nicht durch Gebirge abgemildert werden.

Von der Erd-Symbolik her gibt es grob drei verschiedene Bereiche: den Erdfeuer-Bereich der Vulkane, also vor allem die gesamte Eifel; dann der flache Schwemmland-Bereich im Norden von Deutschland, der durch Wasser geprägt Erde ist; und schließlich der gebirgige Bereich in der Mitte und im Süden von Deutschland, der durch viel Hügel und Täler in eine große Anzahl von kleinen, eigenständigen Bereich untergliedert ist.

II 10. d)   Eine Landschaft

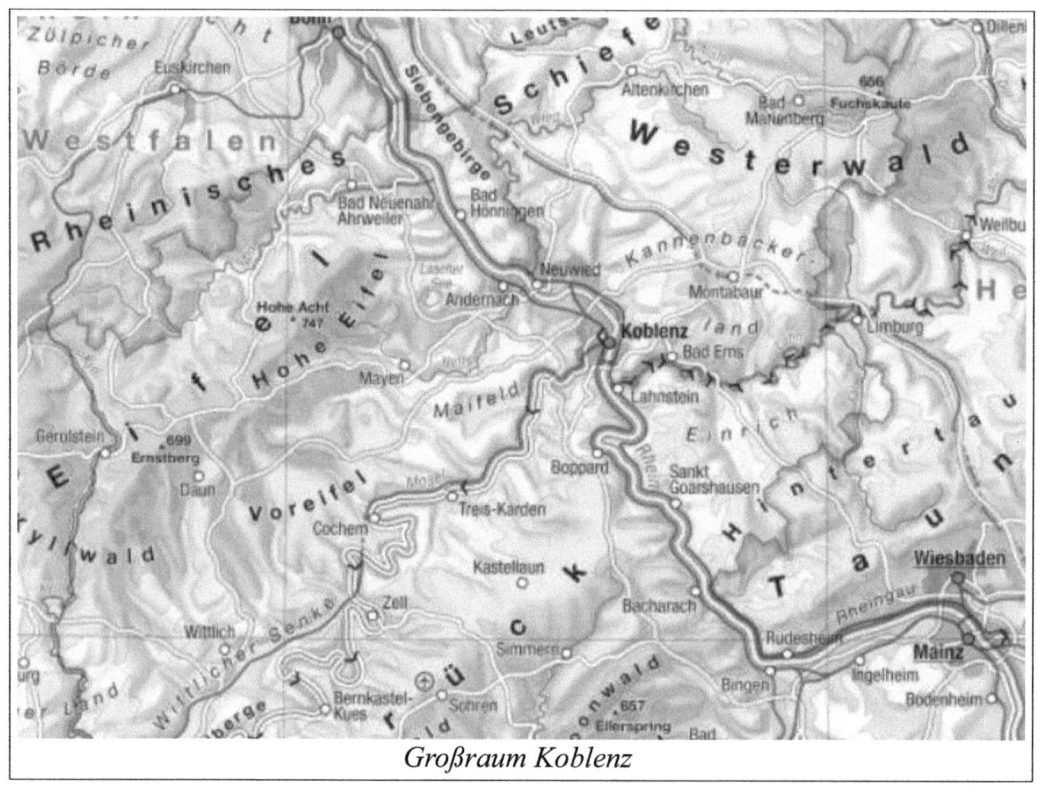

Großraum Koblenz

Koblenz liegt am Zusammenfluß des Rheins und der Mosel. Die Stadt liegt auf der Landzunge zwischen den beiden Flüssen und ist folglich von Wasser umgeben.

Der Rhein hat sich von Mainz bis Koblenz ein tiefes, enges Tal in die dortigen Gebirge gegraben, die in der nördlichen Hälfte durch den Vulkanismus in der Eifel entstanden sind. Kurz nach diesen Vulkanausbrüchen, die erst vor 13.000 Jahren, also am Ende der Eiszeit geendet sind, ist der Rhein bis mindestens nach Mannheim im ganzen oberrheinischen Grabenbruch zu einem riesigen See aufgestaut gewesen, bevor sich der Rhein wieder seinen Weg freigeräumt hatte.

Der Vulkanismus in der Eifel gibt Koblenz auch eine Feuer-Qualität, die von Nordwesten dorthin kommt. Nur wenig südlich von Koblenz liegt Andernach mit dem schon erwähnte Kohlesäue-Geysir – dies ist ein Luft/Wasser-Einfluß.

Die drei anderen Gebirge Hunsrück, Westerwald und Taunus sind deutlich älter und haben einen ruhigeren Einfluß. Im Taunus befindet sich zwar der Vogelsberg-Vulkan, aber der ist doch schon recht weit von Koblenz entfernt.

56

Koblenz ist zudem eine Talstadt – sie ist ringsum von Bergen umgeben. Südlich von Koblenz liegt eine kleine Ebene im Rheintal, die ein Mini-Grabenbruch ist, der noch heute erdbebengefährdet ist – das ist ein unruhiger Einfluß.

II 10. e)   Eine Stadt

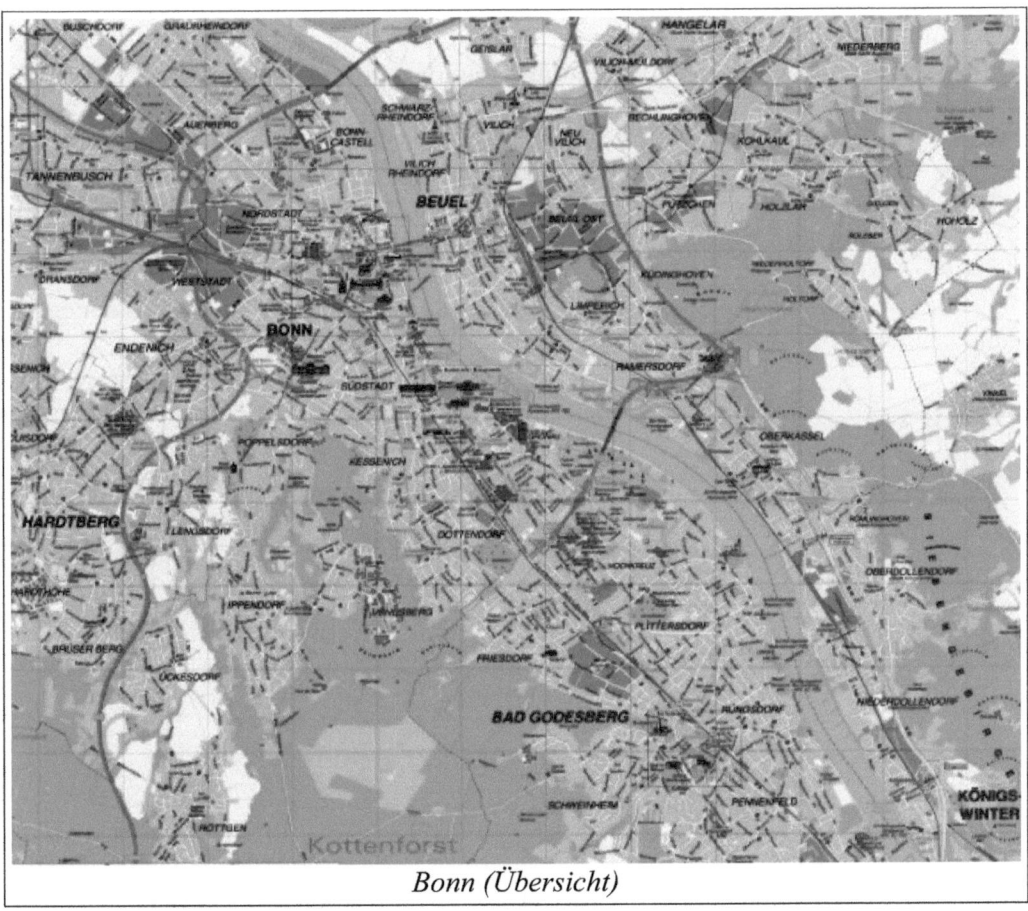

Bonn (Übersicht)

Bonn liegt dort, wo sich das enge Rheintal zu der Ebene weitet, die bis zur Nordsee reicht. Diese Stadt liegt also an einem Übergang. Es ist somit eine mehr oder weniger kreative Spannung zu erwarten. Die Stadt steht auf Schwemmland, ist im Osten, Süden und Westen von Wäldern umgeben, im Südosten liegt in Sichtweite das vulkanische Siebengebirge, und sie wird vom Rhein durchflossen, dessen Lauf in der Stadt

57

zur Stadtmitte hin gebogen ist, sodaß die Lebenskraft des Rheins das Stadtzentrum „nährt". Diese Vielfalt der Umgebung erhöht die kreativen Möglichkeiten in dieser Stadt. Die Lebenskraft des Rheins wird in Bonn noch recht hoch sein, da er zuvor 100km durch das enge vulkanisch geprägte Rheintal geflossen ist und sich dabei dort sozusagen mit Feuer-Energie aufgeladen hat.

Direkt nördlich von Bonn mündet die Sieg in den Rhein, was jedoch kaum einen Einfluß hat, da die Siegmündung von Bonn aus gesehen rheinabwärts liegt.

Die Stadt hat durch Eingemeindungen drei Zentren: die Mitte von Bonn, die Mitte von Bad Godesberg und die Mitte von Beuel – die Stadt ist also zumindestens von ihrer Anlage her dezentral, was wiederum für eine kreative Vielfalt spricht.

Die Kreativität dieser Stadt läßt sich an der großen Universität, an der eine außergewöhnlich große Vielzahl von Fächern angeboten werden, ablesen, und weiterhin auch an den vielen Künstlern, Gelehrten, Politikern usw. die in dieser Stadt gelebt haben: Ludwig van Beethoven, Robert Schumann, Konrad Adenauer, August Macke, Klara Schumann, Willy Brandt, Hermann von Helmholz, Karl Simrock, Peter Lenné, Hans Riegel (Haribo = "Hans Riegel Bonn)", Paul Kemp usw. Zudem ist sie trotz ihrer relativen Kleinheit (Bonn ohne Eingemeindungen: ca. 180.000 Einwohner) 41 Jahre lang die deutsche Hauptstadt gewesen.

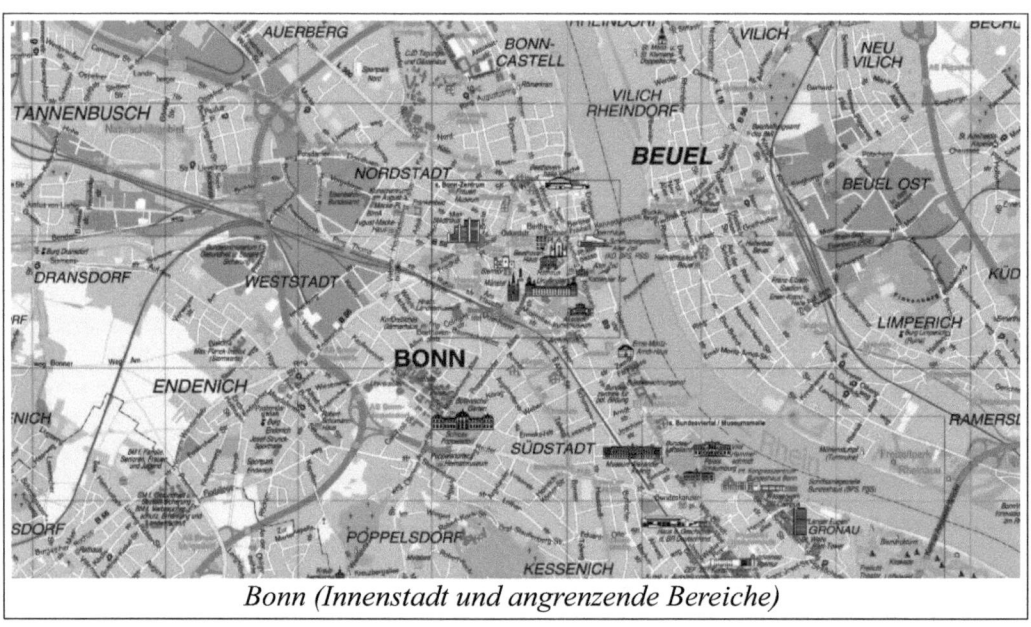

Bonn (Innenstadt und angrenzende Bereiche)

Die Innenstadt liegt direkt vor dem Rheinbogen. Bonn und Beuel sind durch den Rhein getrennt, aber durch eine Brücke verbunden. Trotzdem werden beide Stadtteile von den Bonnern als eigenständige Einheiten erlebt – der Fluß ist stärker als die Brücke.

Im Osten des Bonner Stadtzentrums liegt der Rhein, im Norden liegen Neubaugebiete (mit schlechtem Ruf) und Industriegebiete, im Westen liegt der Kottenforst und im Süden liegt Bad Godesberg. Sowohl die Bonner Innenstadt als auch die Innenstadt von Bad Godesberg haben viele alte Häuser – zum großen Teil Jugendstiel-Gebäude. In Bonn gibt es zudem das große Schloß, das heute als Universität genutzt wird, mit den dazugehörigen Park-Anlagen.

Bonn hat also auch von seinem Aufbau her eine große Vielfalt: ein stilvolles, altes Zentrum, das ein Zentrum der Gelehrsamkeit ist, im Süden eine recht ähnliche Stadt (Bad Godesberg), im Osten den Rhein (Wasser-Einfluß), im Westen den Wald (Anschluß an organische Formen) und im Norden eher einen „Schatten" (Neubaugebiete, Industrie). Die respektierliche Innenstadt wird zudem recht genau durch die Autobahn von den weniger respektierlichen Außenbereichen getrennt.

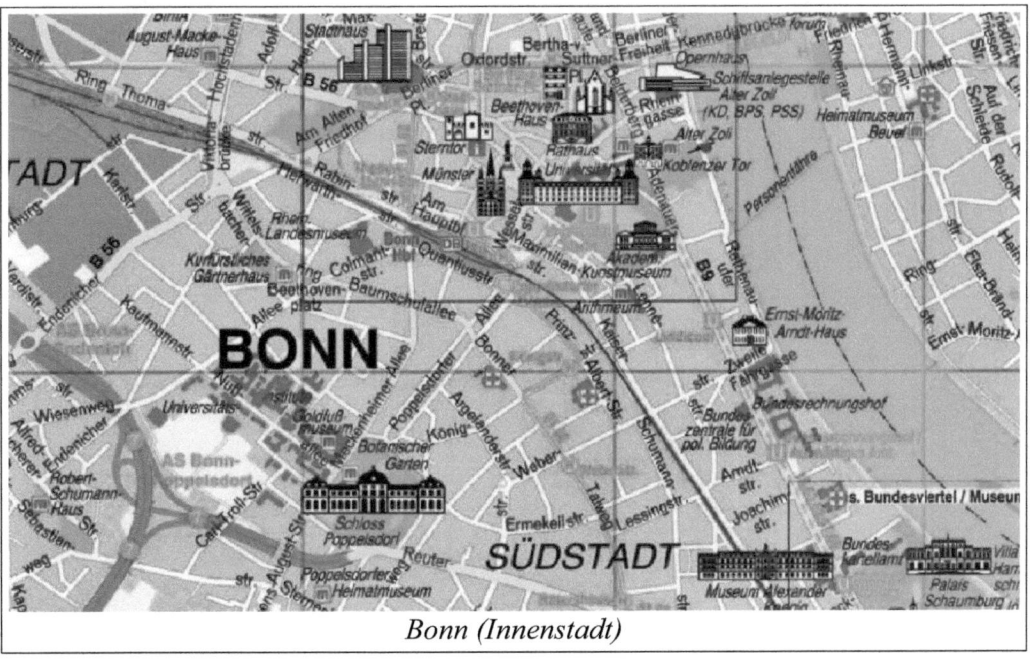

Bonn (Innenstadt)

Das Kernstück von Bonn ist das Schloß, das aus zwei Teilen besteht: das größere Gebäude am Rhein, das durch eine lange und breite Allee mit Wiesen zu einem zweiten, kleineren Gebäude führt. An beide Gebäude ist ein Park angeschlossen – der Park an dem zweiten Gebäude ist ein großer botanischer Garten. Ungeachtet aller sonstigen Bauten und Plätze in Bonn ist diese Allee die Hauptachse der Stadt, die ihr auch eine gewisse Konzentration gibt.

II 10. f)   Ein Grundstück

Die bisher betrachteten Fälle kommen bei den konkreten Überlegungen zum Feng Shui nur sehr selten vor. Diese Betrachtungen geben jedoch die Möglichkeit, die Grundstücke, Häuser und Zimmer, mit denen man beim Feng-Shui normalerweise zu tun hat, in einem größeren Zusammenhang zu sehen und somit auch den „energetischen Hintergrund" z.B. eines Grundstückes zu verstehen.

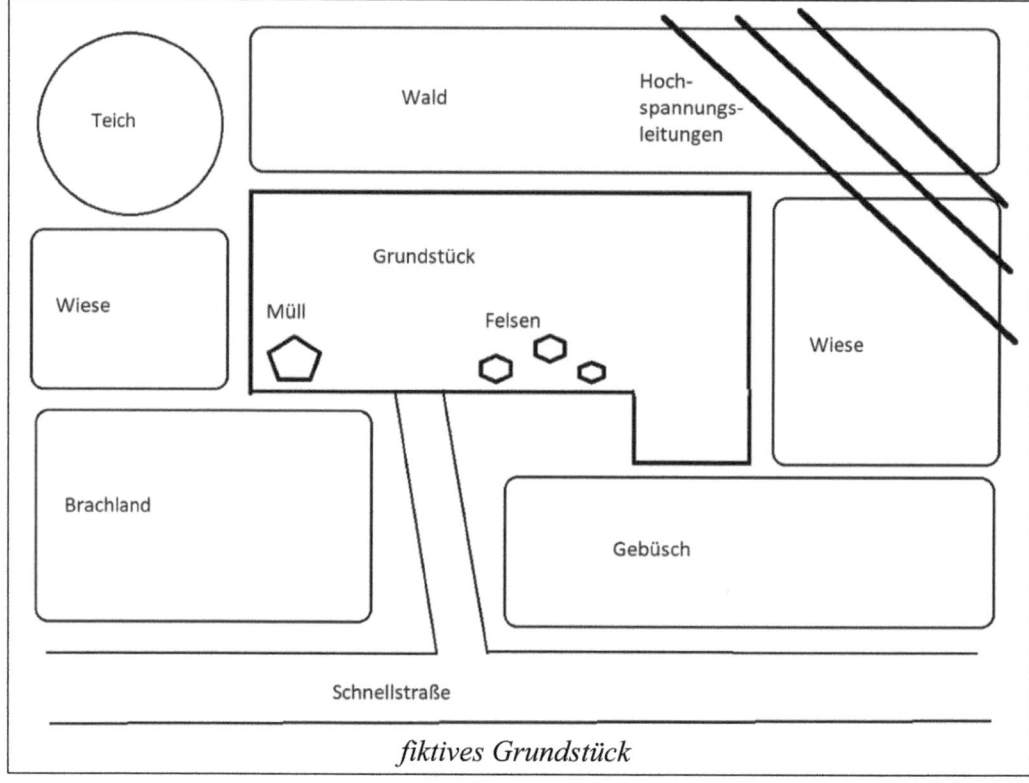

fiktives Grundstück

Dieses Grundstück ist zunächst einmal von der Zufahrt her gesehen deutlich breiter als hoch – es wird also eher ein Grundstück zum Ausruhen als für „aufstrebende Aktivitäten" sein. Das wird dadurch verstärkt, daß der Bereich rechts unten um ein kleines Stück vergrößert und somit betont wird – der Bereich des Ausruhens, der

Entspannung, des Loslassens.

Der Zuweg führt nicht gerade auf das Grundstück zu, sondern leicht schräg nach links, also in den Bereich der Vergangenheit – auch das wird dazu führen, daß dies eher ein Ort zum Ausruhen als ein Ort für große Projekte sein wird. Es wäre also ungeschickt, hier ein z.B. ein Forschungslabor oder ein Zentrum für strategische Planungen errichten zu wollen.

Der Zuweg zweigt von einer Schnellstraße ab – er führt also von der Hektik zur Ruhe.

Links oben liegt außerhalb des Grundstücks ein Teich. Das bedeutet, daß sich ein stehendes Wasser an dem Ort befindet, von dem der fördernde Einfluß aus der Vergangenheit kommt. Ein stehendes Wasser als fördernder Einfluß spricht wieder für einen Ort der Entspannung. Man könnte hier z.B. eine Sauna errichten oder ein Waldcafe oder ein Kloster.

Unterhalb des Grundstücks befindet sich die Schnellstraße und dann Brachland und Gebüsch. Oberhalb des Grundstückes befindet sich hingegen Wald. Die Entwicklung von unten nach oben geht bei diesem Grundstück also von Hektik über Ödland über das Grundstück zum Wald. Auch die beiden Wiesen links und rechts des Grundstückes passen gut in diese Folge. Offensichtlich liegt dieses Grundstück an einem Ort, an dem die Aktivitäten darauf abzielen, die Hektik (Schnellstraße) schrittweise in organische Formen (Wald) zu verwandeln.

Rechts oben verlaufen jedoch Hochspannungsleitungen in geringer Entfernung vom Grundstück entlang. Das wird vermutlich bedeuten, daß sich der Bereich der Ziele (rechte obere Ecke des Grundstückes) nur schwer entfalten kann. Ohne diese Leitungen wäre die Qualität auf dem Grundstück deutlich besser …

Auf dem Grundstück selber liegt links unten ein Müllhaufen. Links unten ist der Ort des Lernens, des Übens und der Anstrengungen. Dieses Grundstück ist also lange nicht genutzt worden und sein Potential ist nicht ausgeschöpft worden. Liegt das an den Hochspannungsleitungen, die an der gegenüberliegenden Ecke das Erreichen der Ziele verhindern?

Schließlich liegen unten in der Mitte des Grundstücks noch drei Felsen. Da der Bereich unten in der Mitte für den Beruf und das allgemeine Fundament steht, verleihen diese Felsen dem Eigentümer des Grundstückes Rückhalt. Die Dreizahl spricht dafür, daß es ein organischer Halt ist (Astrologie: Trigon).

II 10. g)   Ein Haus

Die Betrachtung eines bereits vorhandenen Hauses dürfte der häufigste Fall sein, mit dem man im Feng Shui zu tun bekommt.

Um zu einem ersten Eindruck zu kommen, kann man das Haus entlang der senkrechten Achse dem Leib eines Menschen vergleichen:
- Der Keller ist das Wurzelchakra,
- das Wohnzimmer das Herzchakra und
- das Dach der Kopf.

Als nächstes kann man nach Auffälligkeiten schauen und sich fragen, was sie bedeuten könnten – wie z.B.:
- ein Glasdach („nach oben hin offen = inspiriert"),
- ein besonders großes Badezimmer, (Reinlichkeit, Wasser genießen),
- ein riesigem Öltank im Keller, dessen Füllung für vier Jahre Heizen reicht (Angst vor Kälte o.ä.),
- drei Kellergeschosse (tiefe Verankerung, großes Wurzelchakra, Verborgenes?),
- mehrere Falltüren (keine direkten Zugänge),
- mehrere Treppenhäuser (starke senkrechte Verbindung),
- eine Heiligenfigur über dem Eingang (Schutz),
   usw.

Es ist auch sinnvoll, nach Dingen zu schauen, die nicht so sind, wie sie eigentlich sein sollten:
- ein düsterer, bedrückender Keller (Altlasten?),
- eine leere Nische für eine Heiligenfigur (fehlender Schutz),
- alte Plakate, die an der Hauswand kleben (entstelltes Aussehen),
- eine kaputte Tür (keine Abgrenzung),
- eine undichte Tür zwischen Garage und Flur, durch die die Autoabgase ins Haus ziehen (keine Abgrenzung, keine Achtung auf Gesundheit),
- eine extrem steile Treppe, die für Kinder und alte Menschen kaum begehbar ist (unzugängliche Bereiche im Haus),
- viele Durchgangszimmer (Unruhe, schlechte Nutzbarkeit),
   usw.

Man kann auch für jedes Zimmer eine Tarotkarte legen – am besten auf einer Skizze des Hauses. Daraus ergibt sich auch ein guter erster Eindruck, wobei Tarotkarten in der Regel nur den augenblicklichen Zustand wiedergeben.
Auch die Zuordnung der Seiten des Hauses zu den vier Elementen kann einige Anregungen geben (Norden = Erde; Osten = Luft; Süden = Feuer; Westen = Wasser).
Schließlich kann man auch noch die einzelnen Etagen des Hauses mithilfe des Ba Gua betrachten – für die Betrachtung des Hauses als Ganzes eignet sich das Ba Gua nur begrenzt, da das Ba Gua eine Fläche betrachtet und kein dreidimensionales

Gebilde. Man kann jedoch den Grundriß eines Hauses mithilfe des Ba Gua betrachten. Falls das Haus einen Turm oder einzelnen Bereich hat, der höher als die anderen ist, ist dieser Bereich genauso betont als ob er eine Ausbuchtung hätte. Man kann auch die Spitze bzw. den First des Daches in die Skizze einzeichnen und schauen, von wo nach wo er verläuft.

Bei schlichten Häuser (also den meisten, die heutzutage gebaut werden) ist diese Betrachtung recht einfach, bei Jugendstil-Häusern hingegen eher komplex.

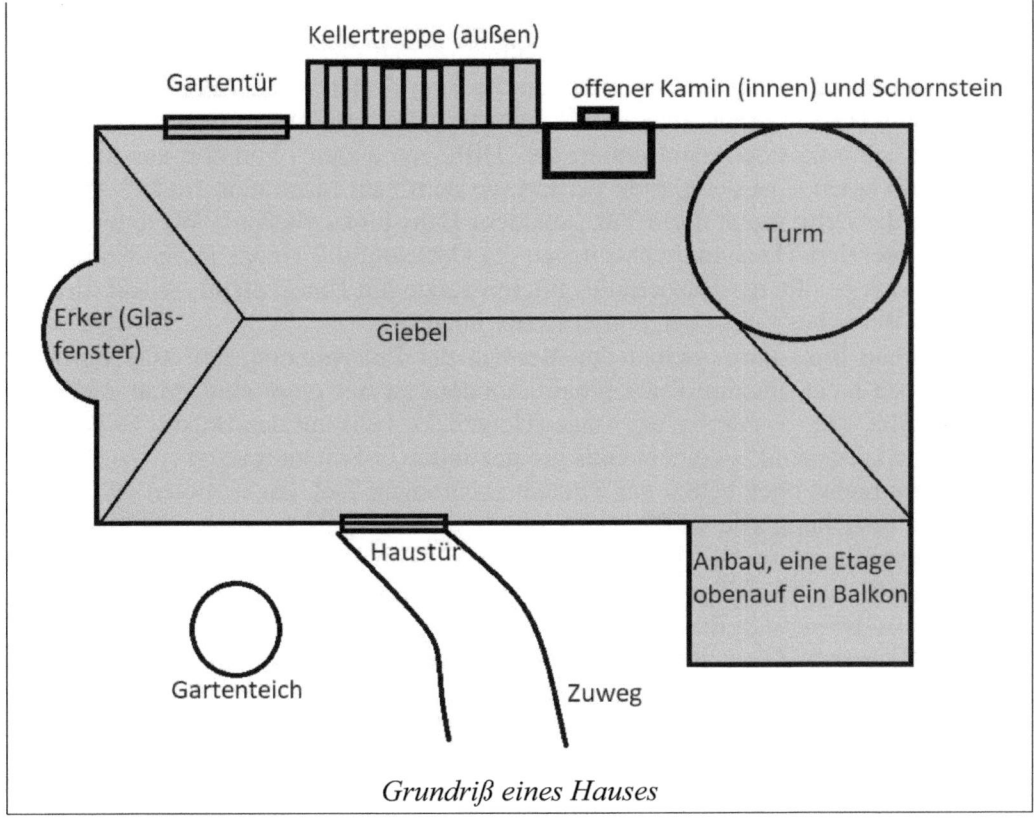

Grundriß eines Hauses

Das betrachtete Haus ist zweigeschossig: Keller, Erdgeschoß, erste Etage, Dach.

Die Grundform ist ein liegendes Rechteck. Das Haus ist folglich ruhend – bei der Haustür an der Schmalseite des Hauses wäre das Rechteck stehen und somit deutlich instabiler und unruhiger.

Der Giebel betont die Querrichtung, also die ruhende Qualität des Hauses. Das links und rechts abgeschrägte Dach bewirkt eine Konzentration auf das Zentrum, was dazu führen wird, daß man sich in dem Haus etwas besser auf das Wesentliche (Hausmitte) konzentrieren kann.

Der Zuweg führt erst auf die Hausmitte zu, doch biegt dann ein wenig nach links hin ab – das ist eine Hinwendung auf die Vergangenheit. Da der Eingang dadurch zwischen der Mitte/unten (Fundament, Beruf) und rechts/unten (Vorbereitung, Lernen) liegt, bringt dies eine gewisse Unruhe in das Haus – man wird nie ganz fertig, man muß immer nach etwas dazulernen, etwas renovieren, etwas verändern usw.

Zudem lockt der Gartenteich zum Verweilen in der Vergangenheit, d.h. im Lernbereich – wobei das Wasser allerdings nicht sonderlich zum Lernen anregt, sondern eher zum Ausruhen …

Der halbrunde Erker links betont die Anbindung an die Herkunftsfamilie (der Bereich Mitte/links im Ba Gua). Vermißt man die Eltern? Heimweh? Aber vielleicht sind die Eltern und Geschwister auch einfach nur oft in diesem Haus zu Besuch.

Der Bereich links/oben repräsentiert die „Hilfe von außen". Von dort aus führt eine Tür in den Garten – ist der Garten der Ort, an dem man Inspiration findet? Andererseits kann die Hilfe durch diese Tür „aus dem Haus hinausfließen". Weiterhin befindet sich hinter dem Haus und rechts neben der Gartentür die Treppe in den Keller hinunter, die sich bei älteren Häusern des öfteren außen am Haus befand – fließt hier der Segen des Bereiches links/oben in den Keller hinab?

Der Anbau links unten betont den Bereich der Entspannung, des Ausruhens. Er reicht jedoch nicht bis zum Dach hinauf, sondern ist nur einstöckig. Man wird also dazu verleitet, sich von der ersten Etage (Herzchakra) aus auf den Balkon zu begeben und dort im Liegestuhl bei einem Glas gut gekühlten O-Saft zu relaxen …

Der Turm rechts/oben betont das Streben nach einem Ziel, das in vielen Fällen eine glückliche Beziehung sein wird.

Der offene Kamin am Übergang von dem Bereich oben/Mitte (Ruhm, Ansehen) und oben/rechts (Ziele, Beziehungen) läßt vermuten, daß dies die Bereiche sind, auf die in diesem Haus die meisten Energie (Feuer = Energie) ausgerichtet werden wird.

Dieses Haus richtet also zum einen auf die eigenen Wünsche (Giebel-Form) und auf die eigenen Ziele (Turm) aus, aber verleitet andererseits sehr stark zum gemütlichen Entspannen (Zuweg, Gartenteich, Balkon) – ein Haus für Tagträumer?

Eine der wichtigsten Methoden bei der Betrachtung eines Hauses ist die Traumreise. Man geht dabei durch alle Räume und spürt nach, welche Qualität hier zu finden ist. Das ist durchaus eine hilfreiche Methode – auf diese Weise lassen sich sogar Baumängel wie brüchige Mauern, feuchte Keller, morsche Dachbalken u.ä. feststellen. Solche Haus-Traumreise kann man auch aus der Ferne machen, wenn man die Adresse des Hauses kennt und sich dann darauf ausrichtet.

Auf diese Weise habe ich eine zeitlang einer Freundin bei ihrer Haussuche geholfen. Natürlich sollte man alles, was man auf solch einer Traumreise an Baumängeln findet, anschließend bei der Ortsbegehung noch einmal nachprüfen – dieses gezielte Suchen nach Mängeln an stets den richtigen Stellen ruft dann allerdings ab und zu bei den bisherigen Eigentümer ein wenig Verwunderung hervor …

Bei solchen Traumreisen kann man auch Dinge feststellen, die sich nicht physisch nachweisen lassen wie z.B. eine depressive Grundstimmung in einem Zimmer, die Anwesenheit eines Totengeistes, ein Bedrohtheitsgefühl im Keller u.ä. Manchmal kann man durch genaues Nachfragen für diese Dinge auch eine Bestätigung erhalten – in dem Zimmer hat evtl. die depressive Großmutter gelebt und schließlich Selbstmord begangen, in dem Haus spukt es ab und zu, der Keller diente im Zweiten Weltkrieg als Luftschutzbunker usw.

Diese Traumreisen können auch einfach ein Dasitzen sein, bei dem man in den Ort hineinspürt. Da es eine fast unbegrenzte Vielzahl an Dingen gibt, die man dabei finden kann, kann man nicht alle Möglichkeiten im Vorraus beschreiben. Generell kann man sagen, daß man alle Wahrnehmungen ernst nehmen sollte, aber sie nicht sofort für bare Münze nehmen, sondern sie anschließend nachprüfen sollte …

II 10. h)   Eine Wohnung

Die nächstkleinere Einheit, die man betrachten kann, ist eine Wohnung bzw. eine Etage in einem Haus. Dabei ist zum einen das Ba Gua und zum anderen die Traumreise das wichtigste Hilfsmittel – evtl. unterstützt von den Tarotkarten (je eine für jedes Zimmer).

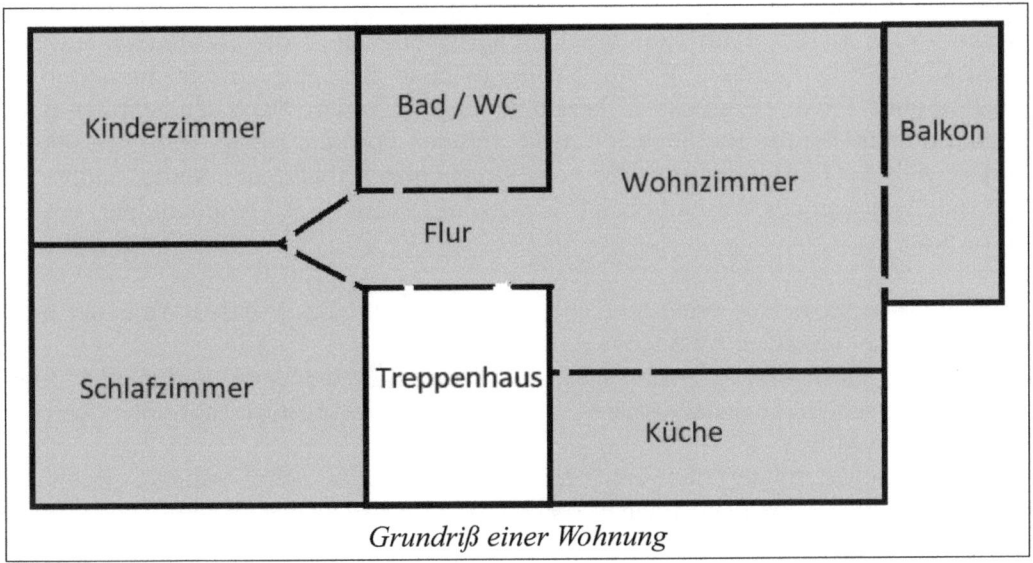

Grundriß einer Wohnung

Das Treppenhaus ist eine Lücke in der Wohnung – unten in der Mitte ist das Fundament, der Beruf, das Geldverdienen. Es könnte also bei den Bewohnern dieser Wohnung zu einer gewissen Haltlosigkeit und häufigen Job-Wechseln kommen.

Der Balkon ist hingegen eine Ergänzung und daher Betonung der Ziele (Bereich rechts/oben). Der Balkon wird über die Tür erreicht, die an den Bereich der eigenen Familie und der Kreativität anschließt (rechts/Mitte). Vermutlich wird man mithilfe seiner Kreativität seine Ziele zu erreichen zu versuchen und evtl. auch mithilfe seiner Kreativität und seiner Kinder an Geld zu kommen versuchen. Weiterhin ermöglicht ein Balkon natürlich den Blick in weite Ferne – es werden also eher große Ziele sein, die die Menschen in dieser Wohnung verfolgen.

Das Schlafzimmer ist im Bereich des Lernens, Studierens und Übens (links/unten). Das klingt nicht so, als ob die Bewohner bei diesem Thema weit kommen würden …

Links oben ist der Bereich der „Hilfe von außen" – lebt die Familie in dieser Wohnung zu einem guten Teil vom Kindergeld?

Das Bad und das WC sind da, wo der Ruhm zu finden sein sollte (oben/Mitte). Das WC läßt den Ruhm vermutlich den Bach runtergehen, während das Bad dazu verleitet, sich auf seinen Lorbeeren auszuruhen. Von dieser Wohnung aus wird man wohl kaum berühmt werden.

Rechts/unten ist die Küche – das Kochen und das Essen ist somit das, wobei man sich entspannen kann. Das ist o.k., sofern das Essen nicht zum Lebensinhalt wird.

Rechts/oben und rechts/Mitte ist das Wohnzimmer – das Zusammensein mit den eigenen Kindern und die eigene Kreativität (rechts/Mitte) sind offenbar das Lebensziel (rechts/oben) – was ja durch den Balkon noch betont wird.

Das Zentrum der Wohnung, wo dem Feng Shui zufolge eigentlich der Hausaltar o.ä. stehen sollte, ist ein Flur, also ein Durchgangsbereich – die Besinnung auf das Wesentliche sollte in dieser Wohnung daher nicht so ganz einfach sein. Immerhin ist der Flur ohne Tür direkt an das Wohnzimmer angeschlossen. Nach den heutigen Bauvorschriften müßte das Bad jedoch einen belüfteten Vorraum haben, was dazu führen könnte, daß der Flur durch eine Tür vom Wohnzimmer abgetrennt werden müßte … was eine Isolation des Wesentlichen (Mitte) vom Lebensalltag (Wohnzimmer) bewirken würde.

Wenn man jetzt noch ergänzend die Tarotkarten für diese fiktive Wohnung legt, erhält man die folgenden Aussagen:

- <u>Flur</u>: *Schwert-10, richtig herum* = Diese Karte bedeutet „Selbstopfer", d.h. wahrscheinlich, daß man sein eigenes Fundament aufgibt (Bereich unten/Mitte).
- <u>Schlafzimmer</u>: *Schwert-7, falsch herum* = Diese Karte bedeutet „Raub mit großen Folgen". Das Ehebett scheint also ein Krisenherd zu sein.
- <u>Kinderzimmer</u>: *Streitwagen, falsch herum* = Diese Karte bedeutet „Man-

gel an Selbstverwirklichung". Die Kinder können hier nicht gedeihen – weil sie zu dem Lebensunterhalt beitragen müssen?

- Bad/WC: *Kelch-König, falsch herum* = Diese Karte bedeutet „Mangel an klarem Erkennen und Ausdrücken der eigenen Wünsche". In dieser Wohnung haben die Menschen es schwer, sich zu zeigen, wie sie sind – der Bereich des Ruhmes und des Ansehens wird nicht gepflegt, weil dort nur das Bad/WC ist.

- Wohnzimmer: *Kelch-As, falsch herum* = Diese Karte bedeutet „Gefühls-mangel oder Depressionen". Das Wohnzimmer kann, obwohl es sich am Ort der Ideale befindet, nicht gedeihen – weil man nicht wirklich aufrichtig in seinen Gefühlen ist.

- Küche: *Liebende, richtig herum* = Diese Karte bedeutet „Liebende, Beziehung". Wird hier die Liebe durch Essen ersetzt? Oder ist die Küche der Ort, an dem sich alle entspannen können und man die Liebe zueinander wieder spüren kann?

- Balkon: *Münz-6, richtig herum* = Diese Karte bedeutet „Mangel an Unter-stützung von außen". Anscheinend hoffen alle auf bessere Zeiten – die aber einfach nicht kommen wollen.

- Zusatz-Karte „worauf man achten sollte": *Schwert-3, falsch herum* = Diese Karte bedeutet „Beziehungsprobleme, heftiges Liebesleid, Trennung". Das Problem in dieser Wohnung ist anscheinend, daß hier Beziehungen nicht gedeihen können – was angesichts dessen, was bisher schon beschrieben worden ist, auch nicht weiter verwunderlich ist.

Wenn bei dieser Wohnung oben Norden ist, wäre das der Erdbereich, also das Gedeihen. Dann wäre das, worum sich hier alles dreht, wohin alles ausgerichtet ist und wonach alles strebt (also nach oben gehen will), das materielle Gedeihen und der Wohlstand – wobei es sehr danach aussieht, also ob die Menschen in dieser Wohnung von der Sozialhilfe o.ä. leben.

Unten wäre dann der Süden, also das Feuer und somit die Kraft. Tja – da das Trep-penhaus als Fundament-Bereich fortfällt, fehlt dem Fundament der Wohnung und der Familie die Kraft. Auch das Schlafzimmer ist kein Bereich, der Kraft gut umsetzen kann – außer vielleicht im Sex. Lediglich die Küche kann die Kraft einigermaßen bewußt aufnehmen – was zu scharf gewürzten Speisen führen könnte.

Die Luft wäre rechts zu finden, also bei der Zukunft – das läßt angesichts der bis-herigen Betrachtungen leider vermuten, daß die Zukunftspläne eher luftig und wenig geerdet sind.

Das Wasser ist links zu finden – in der Vergangenheit. Man könnte also vermuten, daß die Geschichte in dieser Wohnung einst mit einem sich liebenden Paar, das auch seine Kinder geliebt hat, begonnen hat.

Ideal ist diese Wohnung wirklich nicht …

II 10. i)   Ein Zimmer

Fast genauso häufig wie die Betrachtung einer ganzen Wohnung kommt im Feng Shui auch die Betrachtung eines Zimmers vor.

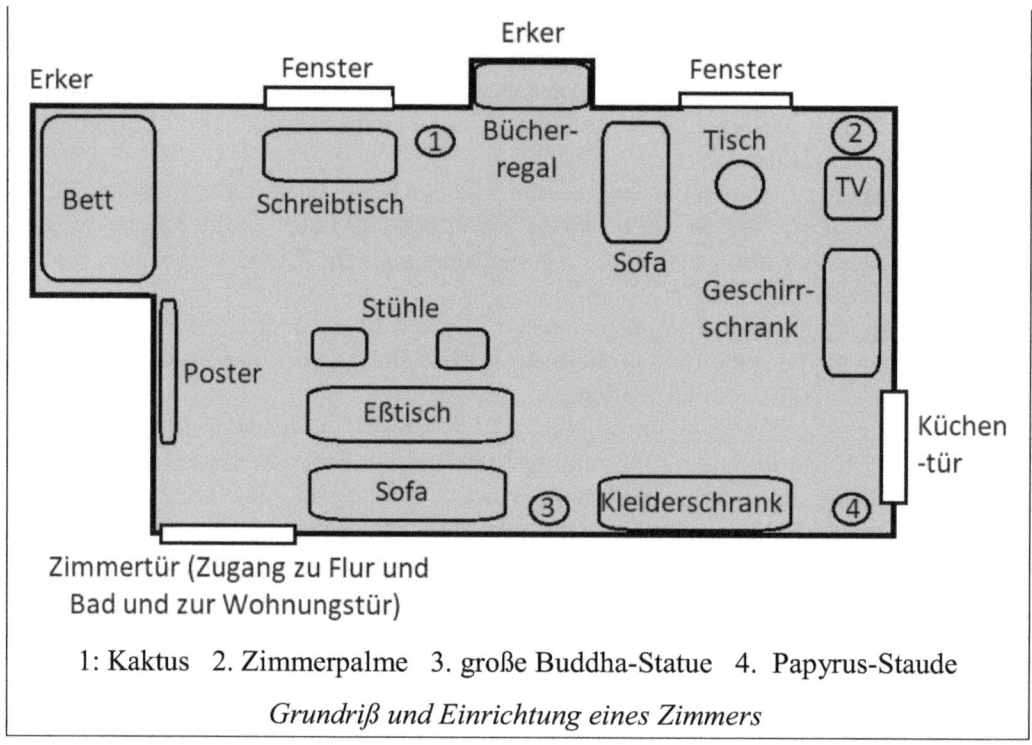

1: Kaktus   2. Zimmerpalme   3. große Buddha-Statue   4. Papyrus-Staude

Grundriß und Einrichtung eines Zimmers

Der Grundriß ist wieder quer, also liegend und somit tendenziell ruhig. Der Grundriß weist zwei Besonderheiten auf:

- Die erste Auffälligkeit ist der große Erker links oben – wenn er noch größer wäre (also mehr als die halbe Wandlänge breit), wäre er kein Erker links oben, sondern ein fehlender Teil links unten. So wird jedoch in diesem Zimmer die „Hilfe von außen" (links oben) betont.
- Die zweite Auffälligkeit ist der kleine Erker oben in der Mitte, der als Bücherregel genutzt wird – hier wird der Bereich des Ruhmes und des Ansehens erweitert und betont. Wenn dort ein Bücherregel steht, wird die Gelehrsamkeit des Bewohners dieses Zimmers betont – ist er vielleicht ein Schriftsteller?

Auch die Anordnung der Türen und der Fenster hat eine Bedeutung:

- Die Zimmertür ist unten links, also im Bereich des Lernens. Das wird diesem Zimmer ein wenig eine Lern- und Studier-Prägung geben. Vielleicht gibt es hier auch Treffen von Gelehrten, Forschern, Studienkollegen u.ä.

Durch diese Tür erreicht man auch Bad und WC, was sich ein bißchen ungemütlich anfühlt, da links unten ein sehr aktiver Bereich ist und Bad/WC ein Bereich der Entspannung ist.

- Die Tür zur Küche ist unten rechts und führt nach rechts, d.h. in die Zukunft: Wenn man sich entspannen will, geht man in die Küche …

- Die beiden Fenster sind beide oben, also in der „Zone der hohen Energie". Das führt dazu, das man durch die beiden Fenster sozusagen dorthin blickt, wo man hin will – es ist zu hoffen, daß der Ausblick etwas zeigt, was dem entspricht, was der Bewohner dieses Zimmers auch anstrebt wie z.B. das Fabrikgelände (wenn das Zimmer dem Eigentümer der Fabrik gehört) oder die Universität (wenn der Bewohner ein Forscher ist).

Das linke Fenster liegt im Bereich der „Hilfe von außen" und öffnet daher dieses Zimmer für diesen Einfluß – das rechte Fenster liegt im Bereich der „Ziele und Ideale" und öffnet daher dieses Zimmer für das Erreichen dieser Ziele.

Der übrige Teil des Zimmers besteht aus der Einrichtung, die im Gegensatz zu dem bisher Beschriebenen leicht veränderbar ist.

- Das Bett links oben: Im Bereich der Hilfe von außen schlafen – das klingt nicht optimal, es sei denn, man will im Traum Inspirationen empfangen. Diese Anordnung erinnert an das Sprichwort: „Den Seinen gibt's der Herr im Schlafe."

- Die Sitz- und Eßecke links unten bis links Mitte: Das Zusammensitzen und essen ist hier die Grundlage und das Fundament – die Geselligkeit dient offenbar einem gemeinsamen Ziel der Menschen, die hier zusammenkommen. Das Zimmer ist ein guter Ort für gemeinsame Projekte und für die Koordination.

- Der Kleiderschrank rechts unten: Kleidung als der Bereich der Entspannung? Herrscht hier nachlässiges Chaos in dem Schrank oder hat man eine Vorliebe für gemütliche Kleidung? Oder beides?

- Der Schreibtisch links oben: Gearbeitet wird an diesem Tisch womöglich, um Unterstützung von außen zu erhalten oder einen Mäzen zu finden. Evtl. werden hier auch religiöse Schriften verfaßt, die das Vertrauen in die Götter zum Inhalt haben, oder psychologische Schriften über die Bedeutung des Urvertrauens.

- Das Bücherregel oben Mitte: Die Bücher im Bereich des Ruhmes weisen auf einen gelehrten Schriftsteller hin …

- Die Fernseh-Sitzecke rechts oben: Tja – Entspannung beim Schauen von Filmen als Ziel? Das kann eigentlich nur produktiv sein, wenn der Bewohner dieses Zimmers beruflich mit Filmen zu tun hat und evtl. ein Drehbuchautor ist. Ansonsten besteht die Gefahr, daß ein großer Teil der Energie in diesem Zimmer im Fernsehgucken verpufft …

- Der Geschirrschrank rechts Mitte: Das Essen, für das das Geschirr ja gebraucht wird, scheint das zu sein, worin der Bewohner dieses Zimmers kreativ und auch repräsentativ ein will – vielleicht lädt er auch gerne seine erwachsenen Kinder und Freunde zum Essen ein.

- Der Kaktus oben Mitte: In dem Bereich des Ruhmes ein Kaktus … Neidet man den anderen den Ruhm oder ist man genügsam wie ein Kaktus oder ist man aggressiv ruhmsüchtig? Das ist zumindestens ein eher schwieriges Arrangement …

- Die Zimmerpalme oben rechts: Diese Pflanze ist schon etwas freundlicher und wird auch größer. Durch ihre gefächerten und „luftigen" Blätter löst sie Spannungen auf – aber sie reduziert auch die Konzentration auf die Ziele und Ideale, die dem Bereiche rechts oben entsprechen. Diese Pflanze paßt zu dem Fernseher, der ja auch zu einem großen Teil der angenehmen, seichten Zerstreuung dient.

- Der Papyrus unten rechts: Diese Wasserpflanze im Bereich der Entspannung fördert die Qualität und die Ausstrahlung dieses Bereiches.

- Der Buddha unten Mitte: Der Buddha als religiöse Gestalt drückt eine allgemeine Haltung aus, die hier in den Bereich des Fundaments gestellt worden ist. Man darf also vermuten, daß die Zusammenkünfte in diesem Zimmer einen buddhistischen oder zumindestens im weiteren Sinne religiösen Charakter haben.

- Das Poster links unten: Ein großes Bild an der Wand, die von der Vergangenheit her in den Bereich des Lernens umschließt, dürfte einen Einfluß auf das haben, was hier gelernt wird, und auch auf die Weise, wie hier gelernt wird.

An diese analytische Betrachtung würde sich nun bei einem realen Zimmer eine Traumreise anschließen bzw. eine Hineinspüren in die Qualität in diesem Zimmer. Dabei kann man sich die folgenden Fragen stellen:

- Wo ist viel Energie und wo wenig?
- Wo gehe ich gerne hin und wo nicht?
- Wo ist hier der Ort der höchsten Energie?
- Gibt es auffällige Qualitäten in dem Raum? Freude? Depression? Wut? Sucht? Fülle? Härte?

- Scheint in diesem Raum noch eine Person anwesend zu sein, d.h. ist in diesem Raum noch die Präsenz einer Person eingeprägt, die früher einmal hier gewohnt hat?
- Geht etwas aus dem Zimmer nach außen?
- Kommt etwas von außen in dieses Zimmer?
- Gibt es eine ausgeprägte Verbindung zu anderen Zimmern o.ä.?
- Wie fühlen sich die Wände, der Boden und die Decke des Zimmers an?
- Bekomme ich in diesem Zimmer den Impuls, etwas Bestimmtes zu tun?
- Ist hier der Geist eines Verstorbenen anwesend?

Dergleichen Fragen gibt es in fast unbegrenzter Zahl. Letztlich sind sie jedoch nur Hilfen, um die eigene Aufmerksamkeit ein wenig zu üben und ein Gespür dafür zu bekommen, auf was man alles achten könnte.

Man kann auch hier wieder die Tarotkarten-Methode anwenden, wenn man sich über die Qualität einzelner Bereiche des Zimmers unklar ist oder wenn man bestimmte Fragen zu dem Zimmer hat, die man zunächst nicht sicher beantworten kann.

II 10. j)   Ein Tisch

Dasselbe Vorgehen wie in Bezug auf ein Zimmer kann man auch auf einen Tisch, einen Schreibtisch, einen Schrank, ein Regal usw. anwenden. Bei einem Schrank oder Regal wird man in der Regel das Ba Gua senkrecht stellen – also Vergangenheit links, Zukunft rechts, wenig Energie unten und viel Energie oben.

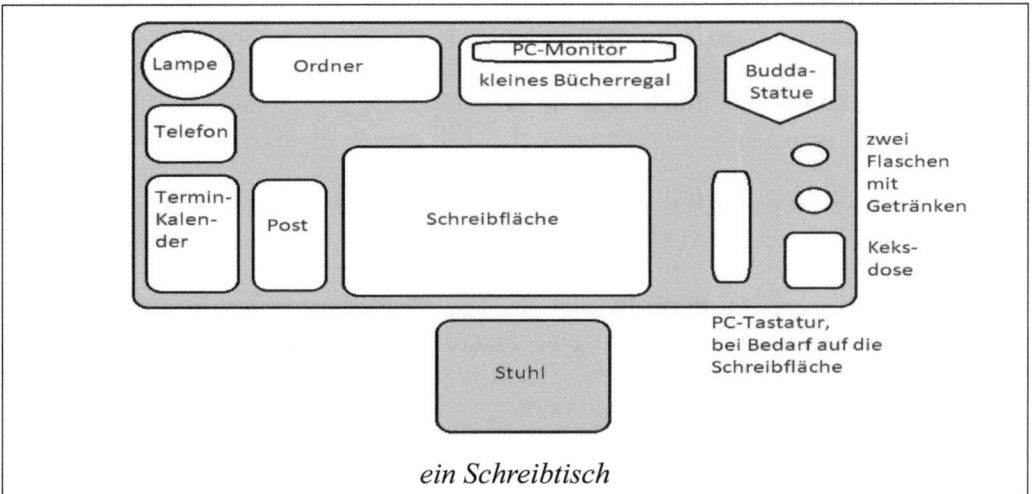

ein Schreibtisch

Der Stuhl steht in der Mitte vor dem Schreibtisch. Das ist eine gute Position, da er dadurch vor dem Bereich „Fundament, Beruf, Arbeit" steht – und um diesen Bereich geht es bei einem Schreibtisch ja in der Regel.

Die Schreibfläche ist ebenfalls unten in der Mitte und bedeckt auch noch einen großen Teil des mittleren Bereichs, der das zentrale Thema eines Bereiches darstellt, die bei einem Schreibtisch eben das Schreiben ist. Die Schreibfläche ist leicht links verschoben, was vermuten läßt, daß es an diesem Tisch mehr um die Verarbeitung des Vergangenen als um die Planung des Zukünftigen geht.

Links oben in dem Bereich „Hilfe von außen" steht die Schreibtischlampe – offenbar sind Sichtbarkeit, Klarheit und Aufrichtigkeit wichtige Qualitäten bei der Arbeit an diesem Tisch.

Das Telefon steht zwischen links außen und links oben – man erhofft sich also Hilfe von den Verwandten und Freunden (links Mitte) sowie von außen, also von einem Mäzen oder einer Autorität (links oben).

Der Terminkalender links unten ist offenbar die Grundlage der Arbeit an diesem Tisch – anscheinend sind Gespräche, Telefonate, Treffen, Terminarbeiten u.ä. für die Arbeit an diesem Schreibtisch von zentraler Bedeutung.

Die Reihe von Ordnern zwischen links oben und oben Mitte zeigen, daß hier viele Informationen gesucht werden (links oben) und zu etwas Neuem verarbeitet und in irgendeiner Weise „Ruhm-fördernd veröffentlicht werden" (oben Mitte).

Das Bücherregal zwischen oben Mitte und oben rechts weist darauf hin, daß es hier um Gelehrsamkeit und evtl. um das Verfassen neuer Bücher geht. Der PC-Monitor auf diesem flachen Bücherregal läßt vermuten, daß hier auch viel am PC geschrieben wird.

Die Buddha-Statue links oben im Bereich der Ziele und Ideale zeigt, um welche Haltung und um welche Themen es bei der Arbeit an diesem Schreibtisch geht. Es könnte sich also um den Schreibtisch in dem Zimmer, das im vorigen Beispiel betrachtet worden ist, handeln.

Die PC-Tastatur rechts unten liegt im Bereich der Entspannung. Das ist auch der Bereich, in den man Dinge legen würde, die man gerade nicht braucht – wie hier die PC-Tastatur.

Die Keksdose im Bereich der Entspannung zeigen, daß sich derjenige, der an diesem Tisch arbeitet, keinen Streß machen läßt und es sich zwischendurch auch einfach mal gut gehen läßt.

Die Getränke rechts Mitte im Bereich der Kreativität lassen vermuten, daß der Betreffende entweder des öfteren mal eine kreative Pause macht oder zusammen mit Freunden oder Kollegen an diesem Tisch sitzt und trinkt und spricht, da dieser Bereich auch für Kinder und Freunde steht.

II 10. k)   Ein Gegenstand

Die Betrachtung eines einzelnen Gegenstandes mithilfe des Feng Shui ist zwar unüblich, aber trotzdem durchaus durchführbar. In den meisten Fällen würde man das dann vermutlich je der Art des Vorgehens dabei als „Analyse", „Betrachtung", „Telepathie", „Psychometrie" oder „Magie" bezeichnen.

Für die Betrachtung eines Gegenstandes nach der Methode des Feng Shui bietet sich z.B. die Buddha-Statue an, die auf dem eben betrachteten Schreibtisch bzw. in einer größeren Version in dem zuvor betrachteten Zimmer steht.

Buddha Manjushri

Buddha Manjushri ist der Erkenntnis-Aspekt des Buddha: Er löst mit seinem flammendem Schwert der Erkenntnis in seiner rechten Hand alle falschen Vorstellungen auf und hilft den Menschen mit den buddhistischen Schriften, die auf der Blüte hinter seiner linken Hand liegen.

Buddhas Gestalt ist in der Mitte – er ruht im Hier und Jetzt.

Sein Kopf ist leicht nach rechts zum Bereich der Ziele und Ideale geneigt – er will etwas erreichen: Klarheit.

Er sitzt auf einer Lotusblüte, die sich im Bereich des Fundaments befindet. Der Sitz der Schamanen (aus deren Tradition Buddha stammt) ist ursprünglich das Hügelgrab gewesen ist, das als Tor für die Jenseitstor benutzt worden ist – Buddha strebt also nach der Erkenntnis des Jenseits, der Seele, der grundlegenden Realität.

In seiner rechten Hand hält er das Schwert der Erkenntnis, das sich im Bereich der Hilfe von außen und im Bereich des Ruhmes befindet – die Erkenntnis ist das, was Buddha verändert. Dies findet links, also auf der Vergangenheits-Seite statt.

Die Spitze des Schwertes weist auf Spitze des Scheitelchakras – bei der Auflösung der falschen Vorstellungen (Schwert) geht es darum, das Ganze als Einheit zu erkennen (Scheitelchakra).

Hinter seiner linken Hand befindet sich eine Blüte mit einem Buch – die buddhistischen Schriften fassen Buddhas Erkenntnisse zusammen: Erst die Erkenntnis (Schwert, links, Vergangenheit) – dann die Lehre (Buch, rechts, Zukunft).

Buddha hält seine linke Hand in der Geste („Mudra") des Lehrens und Erläuterns – er erklärt die Bedeutung der Schriften auf der Blüte hinter seiner linken Hand.

An der Statue sind Hara, Herzchakra, Halschakra, Drittes Auge und vor allem das Scheitelchakra betont worden – es geht auch um die Erweckung der Chakren.

Der Faltenwurf vorne zwischen seinen Schienbeinen hat die Form einer Knospe, die von innen/hinten nach außen/vorne drängt – das ist ein Hinweis auf das Erwachen des Wurzelchakras und somit auch der Kundalini.

Die Betonung der Ohrläppchen durch die Ohrringe bedeutet möglicherweise ein Hören aller Dinge.

Das Muster auf dem Gewandrand stellt ein Fließen dar – den Fluß des Lebens und der Lebenskraft.

Die Stoffstreifen links und rechts unten sind möglicherweise ein Hinweis auf Ida und Pingala.

Die Stoffstreifen links und rechts vom seinem Leib erwecken den Eindruck von Raumfüllern.

II 11. Die Größe der Wirkung

Es stellt sich natürlich die Frage, wie groß eigentlich die Wirkung eines Ortes ist und wie groß die Eigenständigkeit und Ort-Unabhängigkeit des Menschen an einem bestimmten Ort ist.

An die Antwort auf diese Frage nach dem Verhältnisses von Unabhängigkeit und Einfluß kann man sich auf drei verschiedene Weisen annähern. Es werden zwar im Folgenden einige Beispiele angeführt, aber wirklich überzeugend ist natürlich immer nur das eigene Erleben.

II 11. a) Übereinstimmungen

Wenn mehrere Menschen unabhängig voneinander denselben Ort auf dieselbe Weise beschreiben, ist es sehr wahrscheinlich, daß dieser Ort tatsächlich diese Qualität hat.

So gut wie jeder, der auf die Qualität des Bioladens „Morgentau" in Alfter, den ich 20 Jahre in einem Kollektiv mitgeleitet habe, beschrieben hat, hat ihn das „Herz von Alter" genannt.

Ebenfalls so gut wie jeder, der in das „Hexenhaus" am Rand des Kottenforstes, in dem ich einige Jahre gewohnt habe, gekommen ist, hat gesagt, daß er sich wie auf einer Insel in der Zeit fühlt, wie in einer anderen Welt.

Im Schloß Alfter hat es seit mindestens einigen Jahrzehnten (aber vermutlich schon viel länger) heftig gespult. Das war etwas, was man, wenn man dort gewohnt hat, nicht ignorieren konnte: Unsichtbare, die Nachts zu einem sprechen oder einem die Bettdecke fortziehen, kann man nur schwer als Illusionen verdrängen …

Vulkanschlote wie z.B. der Rodderberg in der Nähe von Bonn werden allgemein als Kraftplätze empfunden.

II 11. b) Unterschiede

Den Einfluß, den ein Ort gehabt hat, läßt sich oft erst dann erkennen, wenn sich der Einfluß geändert hat.

Allgemein wird man sich nach einer Feng Shui-Maßnahme an einem Ort wohler fühlen, aber manchmal ist die Wirkung auch unübersehbar – z.B. wenn man sich endlich an seinem Schreibtisch konzentrieren kann und einem die Arbeit leicht von der Hand geht.

In dem Schloß Alfter ist es friedlich geworden, seit ich zusammen mit einer Freundin die Geister ins Jenseits geschickt und die Prägung des Ortes aufgelöst habe.

Manchmal ist auch nicht viel nötig, um eine große Wirkung zu erzielen. So habe ich einmal in dem Büro des Bioladens, in dem ich gearbeitet habe, mehrere Flourit-Kristalle an die Ecken gelegt. Daraufhin haben die ca. 6 Menschen, die in diesem Büro gearbeitet haben, angefangen, das Büro aufzuräumen und Ordnung zu halten. Das ist auch genau die Wirkung der Flourit-Kristalle, die Würfel sind und folglich durch den trennenden, ordnenden, aufräumenden Charakter des rechten Winkels geprägt sind.

In einem frischen, also gerade neu entstandenen Kornkreis spürt fast jeder so etwas wie ein elektrisches Prickeln, also die hohe Aufladung mit Lebenskraft. Nach einigen Tagen verblaßt dieses Prickeln sehr deutlich.

Manche geweihte Gegenstände haben eine intensive Ausstrahlung. Solche Weihung können auch ungewollt entstehen – so wird z.B. ein Ring, der von einer streitsüchtigen und eifersüchtigen Frau 60 Jahre lang getragen worden ist, nach ihrem Tod noch deren Charakter in sich tragen. Durch ein Reinigungsritual kann man diese Prägung entfernen, sodaß der Ring wieder neutral wird.

Eine Hellseherin in Bonn, bei der ich mal gelernt habe, hat mir einmal gesagt, daß ich die Augen schließen soll und hat mir dann einen Ring in die Hand gelegt und mich gebeten zu sagen, welche Qualität er hat. Da diese Qualität ausgesprochen unangenehm war, hat sie mich gefragt, ob ich den Ring reinigen könnte, was ich dann auch getan habe. Zwei Monate später sollte ich dann wieder mal die Augen schließen und nachspüren, welche Qualität das hat, was ich in meine Hand gelegt bekomme. Diesmal war es angenehm-neutral – es war der Ring, den ich gereinigt hatte.

Einmal habe ich ein altes Kellergewölbe, in das niemand hinabsteigen wollte, gereinigt und neu aufgeladen, woraufhin alle, die in den Keller kamen, sich dort wohlgefühlt haben und fanden, daß es dort nach frischgebackenem Brot und Kuchen roch – was ich auch selber sehr deutlich wahrgenommen habe. Wie dieser zusätzliche „Geruchs-Effekt" zustandegekommen ist, ist mir völlig unklar …

II 11. c) Erfolge

Ein recht einfacher Maßstab für die Wirkung des Feng Shui ist seine Wirksamkeit. Ich bin einmal von einem Architekten gefragt worden, ob ich etwas dafür tun könnte, daß er einen Käufer für ein Grundstück findet, das er schon seit 20 Jahren verkaufen wollte.

Als wir auf dem betreffenden Grundstück waren, wurde die Ursache für die

Blockade recht schnell deutlich. Das Grundstück lag in zweiter Reihe hinter den bebauten Grundstücken an der Straße und man konnte es nur mithilfe eines S-förmigen Zuwegs erreichen, der zwischen den anderen Grundstücken hindurchführte. Zudem hatte der Bewohner eines der beiden angrenzenden Grundstücke das zu verkaufende Grundstück sozusagen als Erweiterung seines eigenen Gartens benutzt.

Das bedeutete, daß das Grundstück zum einen wegen des S-förmigen Weges die Ausstrahlung der Unzugänglichkeit und Abgelegenheit hatte und zum anderen auch die Ausstrahlung, daß es schon jemandem gehört und von jemandem genutzt wurde.

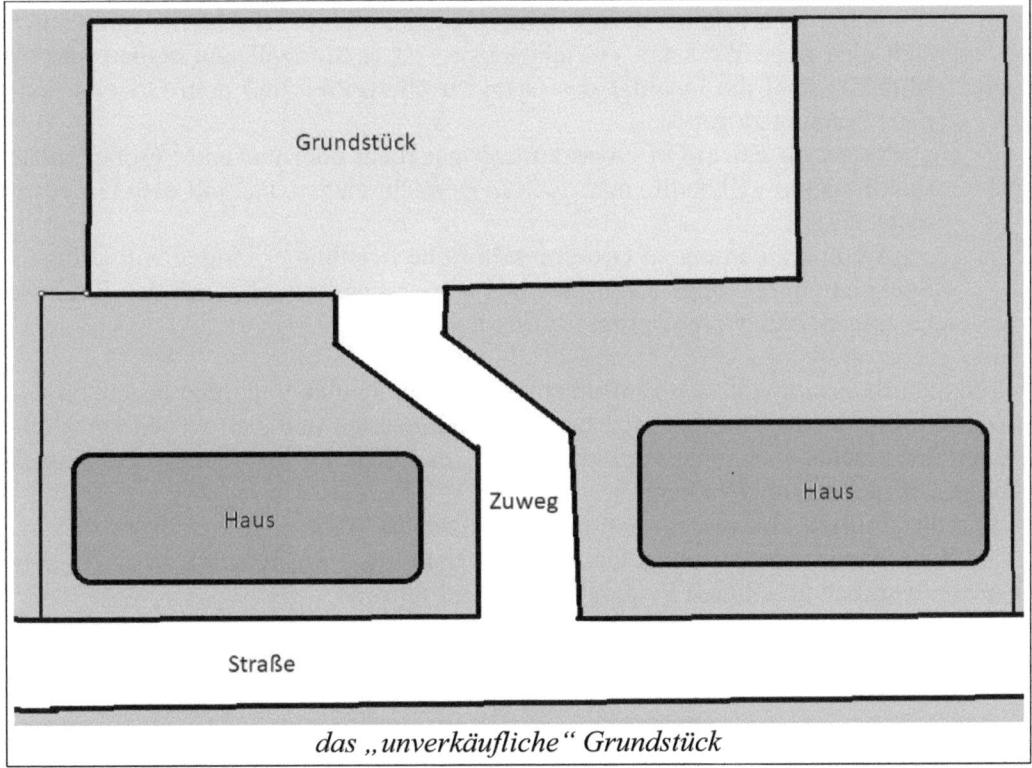

das „unverkäufliche" Grundstück

Nachdem ich mithilfe des Kleinen Pentagramm-Rituals das Grundstück gegen die Nachbarn hin abgegrenzt hatte und dann mithilfe von Imagination und Räucherwerk das Grundstück belebt und vor allem mit der Straße verbunden hatte, wurde das Grundstück wenige Wochen danach endlich verkauft.

Nach der Feng Shui-Behandlung war das Grundstück nicht mehr abgelegen, unzugänglich und fremdbesetzt, sondern ein stiller und gut geschützer Wohnort – ein geradezu ideales Baugrundstück …

II 11. d)   Die Intensität der Orts-Wirkung

Dieser Punkt ist am schwierigsten einzuschätzen. Jeder Ort hat eine Wirkung wie die drei vorigen Punkte zeigen. Doch der Mensch an diesem Ort hat auch noch immer seine Selbstbestimmtheit. Wenn der Ort eine große Wirkung hat, ist es schwieriger, an ihm trotzdem das zu tun, was man will. Wenn man einen starken Willen hat, ist es leichter, sich durchzusetzen.

Im Grunde ist hier der pragmatische Ansatz am sinnvollsten:

- Wenn man in eine neue Wohnung einzieht, ein neues Atelier mitbenutzt, sich eine neue Werkstatt einrichtet usw., ist es sinnvoll und erspart spätere Mühe, einmal die Qualität des Ortes zu überprüfen und dem Ort evtl. eine neue Prägung zu geben.

- Wenn an einem Ort etwas einfach gar nicht oder nur unter großer Mühe funktionieren will, sollte man auch in Betracht ziehen, daß mit dem Ort etwas nicht stimmt.

- Wenn man an einem Ort eine sehr hohe Leistung erbringen will (Börsen-Spekulation, Heilungs-Raum, Tempel u.ä.), ist es sinnvoll, auch den Raum so zu prägen, daß er eine optimale Grundlage bildet.

Letztlich ist es sinnvoll, den Einfluß eines Ortes zu kennen und mitzubedenken und diesen Einfluß weder zu ignorieren noch überzubewerten und sich wegen einer fehlenden Ecke rechts oben nicht verrückt machen zu lassen und zu glauben, daß man an diesem Ort nichts erreichen kann.

Um den Einfluß eines Ortes richtig einschätzen zu können, gibt es eigentlich nur einen Weg: Experimentierfreude, Übung und Erfahrung – was letztlich zu einem soliden handwerklich geschulten Fingerspitzengefühl führt.

III   Das Gestalten

Auf die Diagnose folgt nun die Therapie: Wenn man die Qualität eines Ortes erkannt hat und sie ändern möchte, braucht man verschiedene Dinge.

III 1.   Der Ort

Am Anfang steht natürlich der Ort selber und entweder die eigene Motivation oder der Auftrag von seinem Besitzer, diesen Ort zu verändern.

Darauf folgt dann als nächstes in die Regel die Besichtigung des Ortes und die Betrachtung und Beschreibung seiner Qualität mithilfe der in Teil II dieses Buches dargestellten Methoden.

III 2.   Das Ziel

Der zweite Schritt klingt sehr simpel, aber er ist es in aller Regel nicht: Wie soll der Ort werden?

III 2. a)   Die Suche nach dem Ziel

Um einen Ort in der richtigen Weise verändern zu können, wird ein klares Ziel gebraucht, d.h. eine möglichst tiefgründige Beschreibung des optimalen Zustandes des Ortes. Alleine die Klärung dieser Frage beansprucht meistens schon eine ganze Stunde. Die folgenden Punkte sind Anhaltspunkte für dieses „klärende Gespräch" zwischen dem Feng Shui-Kenner und dem Eigentümer des betreffenden Ortes:

- Was wollen Sie an diesem Ort tun?
- Welche Qualität wollen Sie mit dieser Tätigkeit erreichen?
- Was wollen Sie sich mit dieser Qualität fühlen?
- Kennen Sie diese Qualität bereits und wenn ja, woher?
- Haben Sie ein Bild für diese Qualität?
- Was gehört zu dieser Qualität als „förderliche Umgebung" dazu?

Es ist wichtig, nicht die erste Antwort des Besitzers auf die Frage nach seinem Ziel als die letztendlich gültige Antwort zu nehmen, denn in der Regel antworten die Menschen nicht mit ihrem eigentlichen Ziel, sondern lediglich mit dem Weg, den sie zu diesem Ziel hin einschlagen wollen:

> - Wenn jemand einen hohen Zaun will, will er vermutlich Sicherheit. Wenn er Sicherheit will, fühlt er sich evtl. selber schwach. Wenn er sich selber schwach fühlt, verdrängt er evtl. seine Aggression usw.
> - Wenn jemand mit seinem Beruf mehr Geld verdienen will, kann man fragen, wozu er das Geld verwenden will, wie viel er eigentlich arbeitet, wie effektiv seine Arbeit ist – und was sein Ideal für ein gutes Leben wäre. Dabei sollte man den Betreffenden mehrmals auffordern, wirklich völlig hemmungslos zu wünschen – ohne jede Rücksicht darauf, ob seine Wünsche realisierbar sein könnten oder nicht.
> - Wenn jemand ein prächtiges Haus mit ebenso prächtigem Garten will, sucht er vielleicht einfach Anerkennung. Das läßt wiederum auf Selbstzweifel schließen. Diese Selbstzweifel werden wiederum eine tieferliegende Ursache haben usw.
> - Wenn jemand einen Schutz gegen „böse Geister" haben will, dann fürchtet er sich offensichtlich vor etwas. Dieses „etwas" muß man genauer herausfinden, um irgendetwas Effektives tun zu können. Anscheinend fühlt sich der Betreffende auch bedroht und hilflos – warum?

Hier werden von dem Berater psychologische Kenntnisse und Fähigkeiten verlangt, da man sonst nicht das erschaffen kann, was der Eigentümer wirklich braucht. Es geht darum, daß der Betreffende erkennt und aussprechen kann, was er wirklich will, was er sich von Herzen wünscht – nur diese Ziele sind wirklich tragfähig und lohnen den Aufwand, der notwendig ist, um sie zu erreichen.

Solch klare Aufträge wie „Ich will dieses Grundstück verkaufen." oder „Ich will, daß es hier nicht mehr spukt." sind eher selten.

III 2. b)   Die Suche nach dem Bild

Wenn man das eigentliche Ziel gefunden und auf eine möglichst markante Art formuliert hat, kommt der nächste Schritt: die Konkretisierung des Zieles zu einem Bild, das das Ziel auf direkte, anschauliche und überzeugende Weise ausdrückt.

Auch für diesen Schritt braucht man unter Umständen längere Zeit, weil nur wenigen Menschen das Entwerfen solcher Bilder geläufig ist.

Dieser Vorgang der „Bild-Gestaltung" läßt sich vermutlich am besten anhand von zwei Beispielen erläutern:

- Ein Unternehmer, der unter der Last seiner Arbeit ächzt, kommt nach längerem Gespräch darauf, daß er ständig das Gefühl hat, im Nebel umherzuirren und nicht zu wissen, was er als nächstes machen soll, wie er die Berge von Formularen bewältigen soll, wie er den Überblick über seine Angestellten behalten kann.

Schließlich stellt sich heraus, daß sein Idealbild der Feldherrnhügel ist, von dem aus der Feldherr sein Heer sieht und lenkt und auch die gesamte relevante Umgebung klar erkennen kann.

- Dann haben wir danach gesucht, welches Bild er von sich selber hat – das war das Bild eines Druiden. Sein Schreibtisch war in dem Bild eine große Steinplatte, auf der all die Dinge lagen, die er für seine Tätigkeit gebraucht hat.

- Hinter ihm war schützender Wald, aber es gab Lücken, durch die er in die Ferne blicken konnte. Nach vorne sowie nach links und nach rechts hatte er freien Blick.

- Dann haben wir den Platz selber betrachtet und durch einen Feuerplatz und eine Quelle ergänzt. Es gab auch einen Liegeplatz für sein Krafttier, Schließlich wurden noch Wege und Pfade hinzugefügt, die in die Ferne führten und durch die er mit allen und allem verbunden war.

- Eine Freundin hat nach längerer Betrachtung erkannt, daß sie ein Nest in einem hohen Baum als Wohnung braucht – sie hat einen großen Raubvogel als Krafttier …

- Dann haben wir die Baumart gesucht, in der sich dieses Nest befindet.

- In diesem Nest gab es einige Orte mit verschiedenen Qualitäten, Trennwände, Schutzräume usw., die alle als Teile des Nestes entworfen wurden.

Andere mögliche „innere Bilder" für Orte sind z.B. das Fachwerkhaus, die Burg, der Dachsbau, das Piratenschiff, das Raumschiff, der Wohnwagen, das Hexenhaus, das Waldhaus, der Zauberer-Turm – der Phantasie sind hier keine Grenzen gesetzt.

Zum Finden des richtigen Bildes ist es notwendig, dem Ratsuchenden deutlich zu machen, daß er so hemmungslos wie nur möglich wünschen sollte – nur dann kommt man mit seinem Wunsch nah an das, was das Herz eigentlich will.

Man kann auch das Horoskop des Betreffenden zurate ziehen – dabei ist dann vor allem das Element des Aszendenten und die Planeten im 2. Haus von Bedeutung für den Entwurf des „inneren Ideal-Bildes", da der Aszendent das Element angibt, aus dem der Ideal-Ort gebaut wird, und die Planeten im 2. Haus zeigen, welche Kräfte an dem Ort idealerweise wirken.

Das Folgende sind nur einige Beispiele für die möglichen Vorlieben der Aszendenten und der Planeten im 2. Haus:

Aszendenten

- Feuer (Widder, Löwe, Schütze): Feuerstelle, Herd, Vulkan, Feuerlauf-Platz, Dampflok usw.
- Wasser (Krebs, Skorpion, Fische): Meer, Insel, See, Teich, Fluß, Insel, Schiff usw.
- Luft (Waage, Wassermann, Zwillinge): Küste, Berggipfel, Baumwipfel, Nest, Flugzeug usw.
- Erde (Steinbock, Stier, Jungfrau): Feld, Berg, Tal, Höhle, Gebäude, Garten, Park usw.

Planeten im 2. Haus

- Mond: Gewässer, Geborgenheit, Nest, Höhle
- Merkur: Versammlungsplatz, Schule, Bibliothek
- Venus: schönes Haus, Rosengarten, Blumen
- Sonne: Palast, Zentrum, Hauptstadt
- Mars: Turnierplatz, Sportplatz, Rosse und Zelte
- Jupiter: Büro, Feldherrnhügel, Aussichtsturm
- Saturn: Burg, Stadt mit Stadtmauer, Felsen
- Uranus: Raumschiff, U-Boot, ferner Planet
- Neptun: Schiff, Tempel, Kirche, Atelier
- Pluto: Vulkan, Schaltzentrale, ein Platz vor Gottes Thron

Dies sind natürlich nur einige Anregungen, die die eigene Erfahrung mit dem Deuten von Horoskopen keineswegs ersetzen können.

III 3. Die Reinigung des Ortes

Wenn man einen Ort verändern will, wird man in der Regel damit beginnen, das, was man ändern will, aufzulösen, d.h. den Ort von dem Unerwünschten zu reinigen.

III 3. a) Die physische Reinigung

Oft gibt es einfache Maßnahmen, die schon deutlich weiterhelfen, wie das Säubern eines Ortes, das neu-Tapezieren einer Wohnung, das Fortbringen von Müll, der auf dem Grundstück lag, und ähnliches mehr.

Etwas differenziertes wird es schon, wenn man bestimmte Möbel ausmustert, an denen Erinnerungen an unangenehme Ereignisse hängen, wenn man seine Aktenordner aufräumt, seinen PC reparieren läßt, das Totholz in den Bäumen im Garten herausschneidet, Unkraut jätet, den Keller ausmistet, überflüssige Versicherungsverträge kündigt, lang abgelaufene Gewürze und Vorräte aussortiert usw.

Diese mehr oder weniger einfachen physischen Maßnahmen können bereits die Stimmung an einem Ort verändern.

III 3. b) Die Reinigung der Lebenskraft

Mit der Reinigung der Lebenskraft an einem Ort beginnt der „magische Teil" des Feng Shui.

Zunächst schaut man dabei, was man an einem Ort wahrnehmen kann – dabei ist die Traumreise ein wichtiges Hilfsmittel. Wenn es besondere einzelne Mißstände gibt wie einen Totengeist, der in dem Haus spukt, oder der Einfluß einer nahegelegenen Müllkippe oder eines Klärwerks, dann sollte man mit diesen Punkten beginnen.

In den genannten Fällen wäre das z.B. das Begleiten des Verstorbenen in das Jenseits – wenn er ein Christ gewesen ist, kann man ihn innerlich zu Christus bringen, wenn seine Religion der Islam gewesen ist, könnte man Mohammed bitten, ihn in Empfang zu nehmen usw.

Bei einer nahegelegenen Müllkippe oder einem Klärwerk kann man einen „Damm" aus Lebenskraft zwischen dem Haus und der Müllkippe bzw. dem Klärwerk errichten und die Ausstrahlung dieser unangenehmen Orte umleiten. Dabei muß man schauen, was möglich ist und wie sich das am besten bewirken läßt, d.h. welche Imagination am besten wirkt.

Manchmal ist auch notwendig, sich erst einmal genauer mit dem Verhältnis des unerwünschten Einflusses von außen und demjenigen, dem der zu reinigende Ort gehört, zu befassen. Das wäre z.B. der Fall, wenn jemand in der Nachbarschaft eines KZs wohnt, neben einem Schlachthof oder auf einem Schlachtfeld aus dem zweiten Weltkrieg oder in einem Haus, das an einem Ort erreichtet worden ist, an dem vorher ein Gefängnis oder eine Psychiatrie gestanden hat. In solchen extremen Fällen gibt es möglicherweise in dem Eigentümer des Ortes etwas, was ihn zu diesem Ort hingezogen hat. Ohne diesen Zusammenhang bewußt zu machen und ihn aufzulösen werden möglicherweise alle Feng Shui-Maßnahmen nur sehr begrenzt wirksam sein.

Man sollte auch darauf achten, wodurch die Lebenskraft-Prägung an einem Ort entstanden ist. Wenn dies z.B. ein Dauerstreit zwischen Mieter und Vermieter ist, könnte es sein, daß man sich auch um dieses Thema kümmern muß, um die Qualität an diesem Ort zu ändern. Bisweilen ist es auch eine Prägung des Besitzers oder Eigentümers des Ortes, der die Prägung des Ortes und die Geschichten an ihm hervorruft – manchmal hilft da die Betrachtung des Horoskops des Betreffenden weiter oder ein längeres Gespräch mit ihm, aber derartige Hintergründe führen dann oft zu ganz anderen Problemen, Themen und Aufgaben als nur zum Feng Shui.

Man kann zur allgemeinen Lebenskraft-Reinigung eines Ortes auch traditionelle Methoden benutzen wie das Kleine Pentagramm-Ritual, das etwas sanftere Rosenkreuzer-Ritual, das sehr alte indische Agnihotra-Ritual, das ebenfalls sehr alte Ritual der vier ägyptische Schutzgöttinnen Isis, Nephthys, Neith und Selket, das hierzulande übliche christliche Reinigen mit Weihwasser und Weihrauch usw. Man sollte dabei vorzugsweise das Ritual benutzen, das einem bereits geläufig ist.

Wenn die Prägung eines Ortes einer riesigen Müllhalde gleicht (z.B. wenn man einen ganzen Bauernhof reinigen soll), kann man auch undifferenzierte, aber kraftvolle Maßnahmen verwenden: die geprägte Lebenskraft an dem Ort imaginativ verbrennen, sie durch einen imaginierten Sturm fortwehen lassen, die durch eine imaginierte Flut fortschwemmen lassen, oder sie von der Erde aufnehmen lassen. Je intensiver man das verwendete Element ruft und um so differenzierter und an um so mehr einzelnen Orten man die Wirkung dieses Elementes imaginiert, umso stärker wird die Wirkung dieser Reinigung sein.

Wenn es einzelne hartnäckige Lebenskraft-Formen an einem Ort gibt, die sich nicht auflösen lassen, kann man sie imgainativ an einem neutralen Ort in eine imaginierte Silberschale legen und dann in ihr diese Lebenskraftform sprengen. In ganz hartnäckigen Fällen kann man auch eine Atombomben-Explosion imaginieren, um die Lebenskraft-Prägung an einem Ort aufzulösen. Man sollte es jedoch zunächst erst einmal auf die sanfteren Weisen versuchen …

III 4. Die Veränderung der physischen Situation

Wenn der Ort physisch und von der Lebenskraft her gereinigt worden ist, beginnt die Umgestaltung. Wenn es einfache Möglichkeiten gibt, etwas physisch zu ändern wie z.B. durch das Umräumen von einigen Möbelstücken oder das Füllen eines Loches im Grundstück mit Erde, dann sollte man das als erstes tun. Manche physische Änderungen sind jedoch auch etwas aufwendiger – dann sollte man sie sich vornehmen, wenn es sich einrichten läßt.

Bei der physischen Veränderung eines Ortes gibt es viele Möglichkeiten:

- Man kann zur Abgrenzung gegen einen angrenzenden Ort mit unangenehmer Ausstrahlung eine dichte Hecke pflanzen.
- Man kann die harte Lebenskraft, die z.B. durch eine lange gerade Straße o.ä. entstanden ist und die genau auf ein Grundstück weist, durch ein Dutzend verschieden ausgerichteter kleiner Spiegel zerstreuen. Man kann vor diese Stelle am Grundstücksrand auch einen großen Baum pflanzen oder dort einen großen Felsen hinlegen. Wenn das Grundstück sehr groß ist, könnte man dort auch einen kleinen Teich anlegen, der die harte Lebenskraft aufnimmt.
- Man kann in einer Nische in der Hauswand oder im Flur wieder eine Heiligenfigur, eine Götterstatue o.ä. stellen, um diese betonte und daher einflußreiche Stelle wieder mit einer erwünschten Qualität aufzufüllen, die dann von dort aus ausstrahlt.
- Man kann die vier Elemente auf verschiedene Weise an einen Ort einladen, wenn man sie dort haben möchte:

  - Feuer: Feuerplatz, Herd, Kamin, Kerze, Agni-Statue, Räucherwerk, Stab-As (Tarotkarte), Feuer-Poster usw.
  - Wasser: Zimmerbrunnen, Teich, Springbrunnen, Kelch-As (Tarotkarte), Wasser-Poster usw.
  - Luft: Duftlampe für ätherische Öle, Klangspiele, Äols-Harfe, Schwert-As (Tarotkarte), Wind-Poster usw.
  - Erde: Kristalle, Blumentöpfe, Steine, Münze, Münz-As (Tarotkarte), Erd-Poster usw.

- Man kann einen Platz für sein Krafttier, seine Kraftpflanze und seinen Kraftstein einrichten.
- Man kann einen Hausaltar einrichten – der gehört in der Regel dort hin, wo heutzutage der Fernseher oder der Breitwand-Monitor steht …

Generell kann dabei die analytische Untersuchung des Ortes zu Rate ziehen und schauen, an welchen Stellen eine Unterstützung, Abmilderung, Ergänzung u.ä. der bereits vorhandenen Qualitäten gebraucht wird.

Manchmal findet man allerdings auch Dinge, die man nicht ändern kann wie z.B. Hochspannungsmasten, deren Leitungen in der Nähe verlaufen. Hier kann man dann experimentieren, welche Maßnahmen eine Wirkung haben – z.B. einen Draht rings um das Grundstück legen, um die Spannungen abzuleiten. Aber wie gesagt – in manchen Situationen, die man vorfindet, kann man nur ausprobieren und schauen, was eine Wirkung hat …

III 5.   Die Veränderung der Lebenskraft

Die Veränderung der Lebenskraft beruht auf mindestens sechs Dingen, die jedoch nach Bedarf um weitere Aspekte erweitert werden können:

1. eine klare Absicht,
2. ein passendes Bild für diese Absicht,
3. die Imagination dieses Bildes,
4. ein einsgerichteter Wille, der sich auf dieses Bild konzentriert,
5. evtl. die Anrufung einer Gottheit, die dabei hilft, und
6. evtl. physische Hilfsmittel, die die Imagination unterstützen.

III 5. a)   Das Prägen des Ortes mit dem Bild

Das Prägen eines Ortes mit dem ausgewählten Ideal-Bild ist ein magischer Vorgang, der letztlich dasselbe wie das Aufladen eines Talismans oder das Weihen eines Amuletts ist – oder die Weihung einer Kirche oder eines Tempels.

Wenn man durch Meditationen, Rituale, Traumreisen, Träume u.ä. einen Kontakt zu einer Gottheit hat, kann man sie fragen, ob sie einem bei der Weihung hilft.

Dann sollte man schauen, ob man eine Geste findet, die die Lebenskraft-Prägung symbolisieren kann und die gut zu einem selber paßt. Dies kann z.B. das Berühren mit einem Kristall sein (Erde-Element), das Anhauchen der zu prägenden Stelle oder das Luftzufächeln mit einer Feder (Luft-Element), das Besprenkeln mit Wasser (Wasser-Element) oder das Entzünden eines Streichholzes (Feuer-Element).

Man kann diese Geste auch durch eine Gottheit weihen lassen. So finde ich es ausgesprochen wirksam, mit einem entzündeten Streichholz einen Kreis mit einem Kreuz in ihm in der Luft vor mir zu ziehen (⊕), Shiva darum zu bitten, dieses Feuer zu weihen. Danach präge ich dann jede Stelle an dem Ort mit Hilfe eines solchen brennenden Streichholzes, mit dem ich während meiner Imagination des erwünschten Bildes dieses Symbol in die Luft zeichne. Diese Streichhölzer sind sozusagen Einweg-Zauberstäbe.

Dieses Prägen des Ortes mithilfe von meist nur einer Methode, die einem am meisten liegt, ist das Fundament der meisten Feng Shui-Behandlungen eines Ortes.

Wenn man z.B. eine Wohnung als Adler-Horst oben in dem Wipfel eines Baumes imaginiert, kann man an jeder Zimmerecke, an jedem Türpfosten und an der Seite eines jeden Fensters einen Ast dieses Baumes imaginieren und dabei dort ein Streichholz entzünden (oder eine andere Imaginations-Geste benutzten).

Auf diese Weise werden schrittweise alle Elemente des ausgewählten Ideal-Bildes an diesem Ort imaginiert. Dabei sollte man sich ruhig Zeit lassen und gründlich vorgehen, sodaß das imaginierte Bild nach und nach innerlich richtig lebendig wird.

Dabei gibt es eine Hilfe, die bei dem Ganzen wesentlich ist: Man sollte die Imagination stets als Ausdruck dessen, was die Seele des Eigentümers bzw. Besitzers des Ortes in diesem Leben will, auffassen. Dadurch erhält die Imagination eine Wurzel in der Seele des Betreffenden, was zur Wirkung hat, daß sich diese Imagination nicht einfach nach ein paar Tagen wieder aufgelöst hat. Die Verbindung der Imagination zu der Seele des Auftraggebers ist die Wurzel, die der Imagination Halt gibt und sie wachsen läßt. Diese Ausrichtung hat auch den Vorteil, daß man nicht so sehr dazu neigt, für die Imagination die eigene Lebenskraft zu verwenden.

Die Quelle der Lebenskraft ist die Gottheit, die man um Hilfe gebeten hat; die Seele des Auftraggebers ist der Bauherr des Feng Shui-Bildes; der Magier oder die Hexe, die das Feng Shui durchführt, ist der Architekt der Imagination.

III 5. b) die vier Elemente

Man kann auch die vier Elemente anstelle der Gottheit oder ergänzend zu ihr anrufen und um Hilfe bitten. Das sollte man am besten in der Tradition durchführen, die einem am geläufigsten ist. Wenn dies z.B. das Kleine Pentagramm-Ritual sein sollte, wären das die vier Erzengel Michael (Feuer), Gabriel (Wasser), Raphael (Luft) und Auriel (Erde).

III 5. c) Geister von Tieren, Pflanzen und Mineralien

Es treten des öfteren Situationen auf, in denen man spürt, daß eine bestimmte Qualität gebraucht wird. In diesen Fällen ist es sinnvoll zu schauen, wo man diese Qualität finden kann.

Ein solcher Fall ist z.B. das Beruhigen der Stimmung an einem Ort, also das Bedürfnis, einen Platz zu harmonisieren. In diesen Fällen hat sich das Betupfen der betreffenden Stelle mit ein bißchen Rosen-Massageöl von Weleda bewährt. Das Harmonie-Gefühl kommt dann fast von selber …

Möglicherweise wird an einem Platz auch Klarheit gebraucht. Dann könnte man die Qualität eines Bergkristalls an diesen Platz rufen – wobei es wahrscheinlich eine Hilfe sein wird, dabei einen Bergkristall in der Hand zu halten. (Für die Qualitäten der verschiedenen Mineralien siehe die Bücher von Michael Gienger.)

Wenn jemand an seinem Schreibtisch oft Besucher empfängt oder Telefonanrufe entgegen nimmt und es ihm dabei an Autorität mangelt, kann man links und rechts von dem Schreibtisch je einen lebensgroßen Tiger imaginieren – das wirkt Wunder.

Auch bei diesen Imaginationen sollte man schauen, daß man das imaginierte Bild in irgendeiner Weise in den Absichten des Auftraggebers verankert, damit das Bild stabil wird.

III 5. d) persönliche Kraftwesen

Am einfachsten ist die Verankerung einer Imagination natürlich, wenn das dabei verwendete Mineral der Kraftstein des Auftraggebers ist, die verendete Pflanze die Kraftpflanze des Auftraggebers und das Tier das Krafttier des Auftraggebers ist. Aber man muß natürlich schauen, ob der Kraftstein zu der gewünschte Struktur paßt, die man gerade benötigt, die Kraftpflanze zu der gewünschten Haltung oder das Krafttier zu der gewünschten Dynamik – was jedoch in den meisten Fällen so sein wird.

Bei eher persönlichen Plätzen, die mit Hilfe des Feng Shui geprägt werden sollen, kann man schauen, ob es an dem Ort drei passende Stellen für diese drei Wesen gibt. Das muß nicht sein, aber wenn es sich gut fügt, wird dadurch die Ausstrahlung des betreffenden Ortes deutlich gesteigert werden.

III 5. e) Die Seele

In den meisten Fällen wird es keinen speziellen Platz für die Seele geben, da sich die Seele in dem betreffenden Menschen befindet und schon bei dem Entwurf des zu imaginierenden Bildes die prägende Rolle gespielt hat. Eine spezielle Stelle für die Seele wird es in der Regel nur geben, wenn ein Hausaltar o.ä. errichtet wird.

III 5. f) Kontakte nach außen

Man kann auch Dinge und Orte, die sich in der Nähe des zu prägenden Ortes befinden, miteinbeziehen. So kann es z.B. in der Nähe eines Hauses einen Bach, einen Teich mit Seerosen, eine große Eiche o.ä. geben, die eine besondere Ausstrahlungen haben und deren Qualität man in die Prägung miteinbeziehen will. In diesem

Fall sollte man nicht einfach die Lebenskraft z.B. dieses Baumes „anzapfen", sondern sich in einer kurzen Traumreise an den Eichen-Elf in diesem Baum wenden und mit ihm darüber sprechen. Wenn dieser Elf damit einverstanden ist, einen Teil des Hauses mit seiner Qualität zu prägen, dann wird diese Prägung auch sehr viel stabiler sein als dies beim bloßen „Anzapfen der Lebenskraft" dieses Baumes wäre.

III 5. g)   Homöopathische Hilfsmittel

Manchmal gibt es recht spezielle Probleme wie z.B. eine riesigen Öltank im Keller, dessen Ausstrahlung das gesamte Haus erfüllt.

Erdöl, Erdgas und Kohle sind aus Pflanzen entstanden, die vor langer Zeit auf der Erde gewachsen sind. Der größte Teil dieser Pflanzen sind Bärlapp-Gewächse gewesen.

Daher kann man sich in solch einem Fall an den Bärlapp-Elfen wenden und ihn um Hilfe bitten – was natürlich am einfachsten ist, wenn man ihn schon durch Traumreisen u.ä. kennt.

Um die Auflösung der Prägung des Hauses durch den riesigen Öltank zu erreichen, kann man sich auch das homöopathische Mittel „Lycopodium C200" beschaffen, das aus Bärlapp hergestellt worden ist. Dieses Mittel kann man dann in Wasser auflösen und es während der Bitte an den Bärlapp-Elf in dem Kellerraum mit dem Öltank versprühen.

Wenn es solche speziellen Probleme gibt, kann man generell schauen, ob es ein passendes homöopathisches Mittel gibt. Man kann diese Mittel sowohl zur Reinigung als auch zur Prägung benutzen – man lädt in beiden Fällen die Qualität der Substanz ein, aus der das Mittel hergestellt worden ist.

In den meisten Fällen wird die Potenz „C200" gut geeignet sein, da sie in etwa der Seele der Substanz entspricht, also der Muttergöttin der Tierart, dem Elf der Pflanzenart oder dem „Zwerg" der Mineralart.

Wenn einem keine passenden Gesten und auch kein sonstiges passendes Vorgehen einfällt, kann man auch einfach das homöopathische Mittel in einem Glas Wasser auflösen und dann dieses Wasser an dem betreffende Ort versprühen. Diese Wirkung wird verstärkt, wenn man dabei alleine oder zu mehreren die Töne singt, die einem gerade so kommen.

III 5. h)   Gottheiten

Eine besondere Rolle kann der Schutzgottheit des Auftraggebers zukommen, also der Gottheit, von dessen „Meer" die Seele des Auftraggebers ein „Tropfen" ist. Allerdings wird dies meist nur bei Hausaltären und Tempeln der Fall sein.

Statuen der Gottheiten, Geister, Heiligen usw. die in der Religion des Betreffenden eine große Rolle spielen, können eine wichtige Hilfe bei der Prägung eines Ortes sein. Dabei sollte man natürlich nicht nur eine Buddha-Statue in eine Ecke stellen und es dabei bewenden lassen, sondern einen passenden Platz für sie aussuchen und diese Statue dann auch weihen, d.h. Buddha in diese Statue hineinrufen – entweder mit einem Ritual oder mit einer Traumreise.

Evtl. kann man auch bestimmte Elemente des zu prägenden Ortes mit mythologischen Elementen gleichsetzen. So gibt es z.B. auf einer texanischen Ranch, deren Besitzerin sich eng der germanischen Religion verbunden fühlt, einen großen Baum, den sie der Weltesche Yggdrasil gleichgesetzt hat und den sie auch „Yggdrasil" nennt.

Solche Identifizierungen können ein wirksames Mittel bei der Prägung eines Ortes sein. So sind z.B. alle Elemente der altägyptischen Tempel einem Teil der Welt und oft auch noch einem Element aus der Mythologie gleichgesetzt worden. Dadurch wird dieser Tempel zu einem Heiligen Ort, der reich an Lebenskraft ist.

III 5. i)   Symbole

Man kann auch Symbole und einfache Formen benutzen, um einen Ort zu prägen. Dafür eignen sich vor allem alte Symbole wie die Planetenzeichen, die Tierkreiszeichen, die ägyptischen Hieroglyphen, die Hexagramme des I Ging usw., aber z.B. auch die Kornkreis-Symbolik. Man kann auch wie Marco Pogacnik seine eigene „geomantische Zeichensprache" entwerfen und sie dann in Steine eingravieren und diese dann an den zu prägenden Orten aufstellen.

III 5. j)   Erd-Kundalini

Wenn man das Bild an einem Ort fertig imaginiert hat und es sich rund anfühlt, kann man noch eine Verbindung zur Erdmitte herstellen. Der glühende Eisen/Nickel-Kern der Erde ist das Wurzelchakra der Erde. Wenn man von dem geprägten Ort einen Lichtstrahl in diesen Erdkern hinuntersendet, nimmt man Kontakt mit dem

Wurzelchakra der Erde auf. Von dort kann man dann die Lebenskraft heraufbitten, die zu diesem Ort gehört und die sich in diesem Ort ausdrücken möchte.

In den meisten Fällen kann man diese aufsteigende Kraft als Drachen sehen – seltener als Schlange oder als Feuer oder Lava. Diese Drachen sind dasselbe Motiv des Lebenskraft-Flusses wie bei dem chinesischen „Reiten des Drachens", das schon beschrieben worden ist.

Durch diese Feng Shui-Version des Kundalini-Yogas wird ein Ort sehr stark aufgeladen und verändert noch einmal seine Qualität – so wie eine Knospe, die sich zur Blüte entfaltet.

Dieses Rufen der Erd-Kundalini sollte man immer erst ganz am Ende durchführen, wenn das imaginierte Bild fertig ist, wenn man alle Unklarheiten mit dem Auftraggeber besprochen hat, und wenn man alle Wünsche, die dem Auftraggeber während der Prägung noch bewußt geworden sind, ausgeführt worden sind.

III 5. k) Kreativität

Die angeführten Beispiele in diesem Buch zeigen deutlich, daß es beim Feng Shui wie bei allen Lebensbereichen wichtig ist, den eigenen Stil zu finden und kreativ zu werden. Das läßt sich jedoch kaum ohne viel Experimentierfreude und reichlich eigene Erfahrung erreichen.

Es gibt viele Methoden, Symbole, bewährte Vorgehensweisen u.ä. im Feng Shui, doch das wichtigste Element ist die eigene Erfahrung. Wenn man Feng Shui erlernen will, sollte man einfach damit anfangen, es zu benutzen und zu schauen, welche Wirkung es hat. Vielleicht stellt man fest, daß einem ein „astrologisches Feng Shui" am meisten liegt oder daß die Tarotkarten die größte Hilfe sind, vielleicht lernt man auch durch die Kornkreise die Lebenskraft wahrnehmen, die in der Erde fließt, möglicherweise ist es auch die traditionelle chinesische Methode, die einem am meisten liegt ... oder man entwickelt nach und nach einen ganz neuen Ansatz.

Es ist kein bestimmtes System, keine bestimmte Gottheit, keine bestimmte Lehre, durch die man das Feng Shui erlernen kann.

Es ist die eigene Erfahrung, die das eigene Feng Shui sicher, solide und effektiv werden lassen kann.

Bücher von Harry Eilenstein

„Magie für Anfänger"

- Telepathie für Anfänger (60 S.)
- Telepathie für Fortgeschrittene (52 S.)
- Telekinese für Anfänger (52 S.)
- Lebenskraft für Anfänger (60 S.)
- Meditation für Anfänger (56 S.)
- Hypnose für Anfänger (56 S.)
- Auto-Movement für Anfänger (56 S.)
- Chakra-Magie für Anfänger (148 S.)
- Astralreisen für Anfänger (56 S.)
- Astrologie für Anfänger (120 S.)
- Ritual-Magie für Anfänger (56 S.)
- Mandalas für Anfänger (68 S.)
- Geldzauber für Anfänger (56 S.)
- Liebeszauber für Anfänger (52 S.)
- Invokationen für Anfänger (52 S.)
- Evokationen für Anfänger (60 S.)
- Elfen für Anfänger (56 S.)
- Magie-Forschung für Anfänger (140 S.)
- Selbsterkenntnis für Anfänger (52 S.)
- Zahlensymbolik für Anfänger (60 S.)
- Die Sprache des Mondes – für Anfänger (116 S.)
- Zaubergesänge für Anfänger (100 S.)
- Zukunftschau für Anfänger (60 S.)
- Schamanismus für Anfänger (52 S.)
- Magische Gegenstände für Anfänger (68 S.)
- Astralreisen für Anfänger (56 S.)
- Da'ath-Magie für Anfänger (64 S.)
- Feng Shui für Anfänger (96 S.)
- Magie für Anfänger – Sammelband I (696 S.)
- Magie für Anfänger – Sammelband II (664 S.)

Magie

- Handbuch für Zauberlehrlinge (408 S.)
- Tarot (104 S.)
- Physik und Magie (184 S.)
- Die Magie-Formel (156 S.)
- Krafttiere – Tiergöttinnen – Tiertänze (112 S.)
- Schwitzhütten (524 S.)

Meditation

- Der Lebenskraftkörper (230 S.)
- Die Chakren (100 S.)
- Das Chakren-System mit den Nebenchakren (296 S.)
- Organe und Chakren (64 S.)
- Meditation (140 S.)
- Drachenfeuer (124 S.)
- Reinkarnation (156 S.)
- einsgerichtet (140 S.)

Astrologie

- Astrologie (496 S.)
- Photo-Astrologie (428 S.)
- Die astrologischen Aspekte (88 S.)
- Horoskop und Seele (120 S.)

Kabbala

- Kursus der praktischen Kabbala (150 S.)
- Eltern der Erde (450 S.)
- Blüten des Lebensbaumes:
  - Die Struktur des kabbalistischen Lebensbaumes (370 S.)
  - Der kabbalistische Lebensbaum als Forschungshilfsmittel (580 S.)
  - Der kabbalistische Lebensbaum als spirituelle Landkarte (520 S.)

Bücher von Harry Eilenstein

Religion allgemein

- Die sieben Schritte des Lebens (428 S.)
- Muttergöttin und Schamanen (168 S.)
- Göbekli Tepe (472 S.)
- Die Göttin von Göbekli Tepe (144 S.)
- Totempfähle (440 S.)
- Christus (60 S.)
- Dakini (80 S.)
- Vajra (76 S.)

Ägypten

- Hathor und Re 1: Götter und Mythen im Alten Ägypten (432 S.)
- Hathor und Re 2: Die altägyptische Religion – Ursprünge, Kult und Magie (396 S.)
- Isis (508 S.)

Indogermanen

- Die Entwicklung der indogermanischen Religionen (700 S.)
- Wurzeln und Zweige der indogermanischen Religion (224 S.)

Germanen

- Die Götter der Germanen (87 Bände)
- Odin (300 S.)

Kelten

- Cernunnos (690 S.)
- Der Kessel von Gundestrup (220 S.)
- Der Chiemsee-Kessel (76)

Psychologie

- Über die Freude (100 S.)
- Das Geheimnis des inneren Friedens (252 S.)
- Das Beziehungsmandala (52 S.)
- Gefühle und ihre Verwandlungen (404 S.)
- einsgerichtet (140 S.)
- Liebe und Eigenständigkeit (216 S.)
- Von innerer Fülle zu äußerem Gedeihen (52 S.)

Heilung

- Die Symbolik der Krankheiten (76 S.)

Kunst

- Herz des Tanzes – Tanz des Herzens (160 S.)

Drama

- König Athelstan (104 S.)

Die Themen der 87 Bände der Reihe „Die Götter der Germanen"